5 기탄급수한자
급 빨리따기

5급·5급Ⅱ 공용 5급은 ①②③④과정 전 4권으로 구성되어 있습니다. **②**과정

 왜, 기탄급수한자일까요?

전국적으로 초,중,고 학생들에게 급수한자 열풍이 대단합니다. 2005학년도 대학 수학 능력 시험부터 제2외국어 영역에 한문 과목이 추가되고, 한자 공인 급수 자격증에 대한 각종 특전이 부여됨에 따라 한자 조기 교육에 가속도가 붙고 있습니다. 이러한 교육 환경에서 초등학생의 한자 학습에 대한 열풍은 자연스럽게 한자능력검정시험에까지 이어지고 있습니다.

이에 발맞추어 기탄교육은 국내 유일의 초등학생 전용 급수한자 학습지 《기탄급수한자 빨리따기》를 선보이게 되었습니다. 《기탄급수한자 빨리따기》는 초등학생의 수준에 딱 맞도록 구성되어 더욱 쉽고 빠르게 원하는 급수를 취득할 수 있습니다. 이제 초등학생들의 한자능력검정시험 준비는 《기탄급수한자 빨리따기》로 시작하세요. 한자 학습의 목표를 정해 주어 학습 성취도가 높고, 공부하는 재미를 동시에 느낄 수 있습니다.

《기탄급수한자 빨리따기》 이런 점이 좋아요.

- 두꺼운 분량의 문제집이 아닌 각 급수별로 분권하여 학습 성취도가 높습니다.
- 충분한 쓰기 연습량으로 목표하는 급수 자격증을 빠르게 취득할 수 있습니다.
- 출제 유형을 꼼꼼히 분석한 기출예상문제풀이로 시험 대비에 효과적입니다.
- 만화, 전래 동화, 수수께끼 등 다양한 학습법으로 지루하지 않게 공부합니다.

한자능력검정시험이란 무엇인가요?

 사단법인 한국어문회에서 주관하고 한국한자능력검정회가 시행하는 한자 활용능력 시험을 말합니다. 1992년 12월 9일 1회 시험이 시행되었고, 2001년 1월 1일 이후로 국가 공인자격시험(1급~3급Ⅱ)으로 치러지고 있습니다.

 한자능력검정시험은 언제, 어떻게 치르나요?

정규 시험은 공인급수 시험과 교육급수 시험을 별도로 실시합니다. (한국 한자능력검정회 홈페이지 참조 http://www.hanja.re.kr)
응시 자격은 8급~특급까지 연령, 성별, 학력 제한 없이 모든 급수에 응시할 수 있습니다.

 한자능력검정시험에는 어떤 문제가 나오나요?

 급수별로 자세한 내용은 다음과 같습니다.

한자능력검정시험 출제 유형

구분	특급	특급Ⅱ	공인급수				교육급수								
			1급	2급	3급	3급Ⅱ	4급	4급Ⅱ	5급	5급Ⅱ	6급	6급Ⅱ	7급	7급Ⅱ	8급
읽기 배정 한자	5,978	4,918	3,500	2,355	1,817	1,500	1,000	750	500	400	300	225	150	100	50
쓰기 배정 한자	3,500	2,355	2,005	1,817	1,000	750	500	400	300	225	150	50	0	0	0
독음	50	50	50	45	45	45	32	35	35	35	33	32	32	22	24
훈음	32	32	32	27	27	27	22	22	23	23	22	29	30	30	24
장단음	10	10	10	5	5	5	3	0	0	0	0	0	0	0	0
반의어	10	10	10	10	10	10	3	3	3	3	3	2	2	2	0
완성형	15	15	15	10	10	10	5	5	4	4	3	2	2	2	0
부수	10	10	10	5	5	5	3	3	0	0	0	0	0	0	0
동의어	10	10	10	5	5	5	3	3	3	3	2	0	0	0	0
동음이의어	10	10	10	5	5	5	3	3	3	3	2	0	0	0	0
뜻풀이	10	10	10	5	5	5	3	3	3	3	2	2	2	2	0
필순	0	0	0	0	0	0	0	0	0	3	3	3	3	2	2
약자	3	3	3	3	3	3	3	3	3	3	0	0	0	0	0
한자 쓰기	40	40	40	30	30	30	20	20	20	20	20	10	0	0	0

※쓰기 배정 한자는 한두 급수 아래의 읽기 배정 한자이거나 그 범위 내에 있습니다.
※출제 유형표는 기본 지침 자료로서, 출제자의 의도에 따라 차이가 있을 수 있습니다.

한자능력검정시험의 급수는 어떻게 나누어지나요?

한자능력검정시험은 공인급수와 교육급수로 나누어져 있으며,
8급에서 1급까지 배정되어 있습니다. 특급·특급Ⅱ는 민간자격급수입니다.

한자능력검정시험 급수 배정표

급수		읽기	쓰기	수준 및 특성
교육급수	8급	50	0	한자 학습 동기 부여를 위한 급수
	7급Ⅱ	100	0	기초 상용한자 활용의 초급 단계
	7급	150	0	기초 상용한자 활용의 초급 단계
	6급Ⅱ	225	50	기초 상용한자 활용의 중급 단계
	6급	300	150	기초 상용한자 활용의 고급 단계
	5급Ⅱ	400	225	중급 상용한자 활용의 초급 단계
	5급	500	300	중급 상용한자 활용의 초급 단계
	4급Ⅱ	750	400	중급 상용한자 활용의 중급 단계
	4급	1,000	500	중급 상용한자 활용의 고급 단계
공인급수	3급Ⅱ	1,500	750	고급 상용한자 활용의 초급 단계
	3급	1,817	1,000	고급 상용한자 활용의 중급 단계
	2급	2,355	1,817	상용한자를 활용하는 것은 물론 인명지명용 기초한자 활용 단계
	1급	3,500	2,005	국한혼용 고전을 불편 없이 읽고, 연구할 수 있는 수준 초급
특급Ⅱ		4,918	2,355	국한혼용 고전을 불편 없이 읽고, 연구할 수 있는 수준 중급
특급		5,978	3,500	국한혼용 고전을 불편 없이 읽고, 연구할 수 있는 수준 고급

한자능력검정시험 합격 기준표

구분	특급·특급Ⅱ	공인급수				교육급수								
		1급	2급	3급	3급Ⅱ	4급	4급Ⅱ	5급	5급Ⅱ	6급	6급Ⅱ	7급	7급Ⅱ	8급
출제문항수	200	200	150	150	150	100	100	100	100	90	80	70	60	50
합격문항수	160	160	105	105	105	70	70	70	70	63	56	49	42	35
시험시간	100분	90분	60분			50분								

※특급·특급Ⅱ·1급은 출제 문항수의 80% 이상, 2급~8급은 70% 이상 득점하면 합격입니다.

 한자능력검정시험에 합격하면 어떤 좋은 점이 있나요?

 • 1급~3급Ⅱ를 취득하면 국가 공인 자격증으로서, 초·중·고등학교 생활 기록부
의 자격증란에 기재되고, 4급~8급을 취득하면 세부 능력 및 특기 사항란에 기재됩니다.
• 대학 입시 수시 모집 및 특기자 전형에 지원이 가능합니다.
• 대학 입시 면접에 가산점 부여 및 졸업 인증, 학점 반영 등 혜택이 주어집니다.
• 언론사, 기업체의 입사·승진 등 인사 고과에 반영됩니다.

5급 빨리따기 구성과 특징

5급 한자 500자를 ①, ②, ③, ④과정으로 분권하여 구성하였습니다. 두꺼운 분량의 책으로 공부할 때보다 학습자의 성취감을 높여줍니다.

〈그림〉
한자의 훈에 해당하는 개념을 그림으로 표현 하여 쉽게 이해 하도록 합니다.

〈획순〉
한자를 바르게 쓸 수 있도록 획순을 제시 하였습니다. (획순은 학자 마다 약간씩 견해 차이가 있습니다.)

〈쓰기〉
따라쓰기, 훈음쓰기, 어휘쓰기 등의 단계를 거치면서 총 20회의 쓰기 연습을 합니다.

〈어휘〉
다른자와 결합된 단어를 학습하여 어휘력을 높이도록 하였습니다.

〈도입〉
5급·5급Ⅱ 신출 한자를
가나다 순으로 정리하여
그림과 함께 소개합니다.

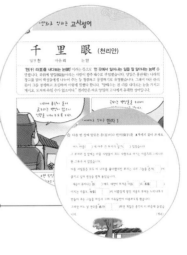

〈만화로 익히는 고사성어〉
고사성어를 만화로 표현하여
고사의 유래와 참뜻을 흥미롭
게 익힙니다.

〈이야기로 익히는 한자〉
학습 한자를 문장 속에서 훈
과 음을 적용시켜 응용력을
높입니다.

〈한자 수수께끼〉
한자 수수께끼를 통하여 한자
공부에 재미를 느끼게 합니다.

〈기출 및 예상 문제〉
시험에 출제되었던 문제와
예상 문제를 통하여 실력을
다집니다.

〈부록〉
6급·6급Ⅱ 한자 150자를
복습합니다.

〈모의 한자능력검정시험〉
실제 시험 출제 유형과 똑같은
모의 한자능력검정시험 3회를
통하여 실전 감각을 높일 수
있습니다.

〈답안지〉
실제 시험과 똑같은 모양의 답안
작성 연습으로 실수를 줄일 수
있습니다.

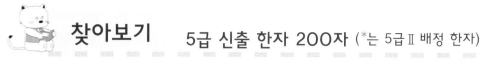

찾아보기

5급 신출 한자 200자 (*는 5급Ⅱ 배정 한자)

加(가)　❶-8
①과정 8쪽

5급 ②과정 한자능력검정시험

 都 도읍 도

 獨 홀로 독

 落 떨어질 락

 朗 밝을 랑

 冷 찰 랭

 良 어질 량

 量 헤아릴 량

 旅 나그네 려

 歷 지날 력

 練 익힐 련

🌸 다음 한자의 훈과 음을 알아 보세요.

都

훈 도읍 음 도

'**도읍, 서울**' 등을 뜻합니다.

🌸 순서에 맞게 都를 쓰고 훈과 음을 쓰세요.

阝(邑)부수	都 都 都 都 都 都 都 都 都 都 都 都 (총 12획)

都

도읍 도

都	都	都	都	都
도읍 도				
도읍 도				

🌸 다음 훈음에 맞는 한자를 쓰세요.

도읍 도	도읍 도	도읍 도	도읍 도	도읍 도	도읍 도	도읍 도	도읍 도
都							

🌸 빈 칸에 都를 쓰고 都가 쓰인 낱말을 읽어 보세요.

☐ 市(도시) : 사람이 많이 사는 시가지

(市 : 저자 시)

☐ 邑(도읍) : ① 서울 ② 그 나라의 수도를 정함
③ 조금 작은 도회지

(邑 : 고을 읍)

	월 일	확인
이름		

다음 한자의 훈과 음을 알아 보세요.

獨

훈홀로 음독

'홀로, 유독' 등을 뜻합니다.

순서에 맞게 獨을 쓰고 훈과 음을 쓰세요.

犭(犬)부수	獨獨獨獨獨獨獨獨獨獨獨獨獨 (총 16획)

獨

홀로 독

홀로 독				
				약자 独
홀로 독				

다음 훈음에 맞는 한자를 쓰세요.

홀로 독	홀로 독	홀로 독	홀로 독	홀로 독	홀로 독	홀로 독	홀로 독
獨							

빈 칸에 獨을 쓰고 獨이 쓰인 낱말을 읽어 보세요.

自主□立(자주독립) : 자주권을 행사할 수 있는 기초 위에서의 완전한 독립

(自 : 스스로 자)
(主 : 주인 주)
(立 : 설 립)

□島(독도) : 우리 나라 동해 바다 끝에 있는 화산섬 경상북도 울릉군에 속함

(島 : 섬 도)

😊 다음 한자의 훈과 음을 알아 보세요.

落

훈 떨어질 음 락

'떨어지다, 몰락하다' 등을 뜻합니다.
• 상대반의어 : 當(마땅 당)

😊 순서에 맞게 落을 쓰고 훈과 음을 쓰세요.

⸝⸝ (艸)부수	落 落 落 落 落 落 落 落 落 落 落 落 落 (총 13획)

落
떨어질 락

落	落	落	落	落
떨어질 락				
떨어질 락				

😊 다음 훈음에 맞는 한자를 쓰세요.

떨어질 락	떨어질 락	떨어질 락	떨어질 락	떨어질 락	떨어질 락	떨어질 락	떨어질 락
落							

😊 빈 칸에 落을 쓰고 落이 쓰인 낱말을 읽어 보세요.

☐ 葉(낙엽) : 나뭇잎이 떨어짐
또, 그 나뭇잎

(葉 : 잎 엽)

☐ 心(낙심) : 바라던 일을 이루지 못하여
마음이 상함

(心 : 마음 심)

🌸 다음 한자의 훈과 음을 알아 보세요.

朗

훈 밝을 음 랑

'밝다, 유쾌하고 활달하다'
등을 뜻합니다.

🌸 순서에 맞게 朗을 쓰고 훈과 음을 쓰세요.

朗

밝을 랑

月부수	朗 朗 朗 朗 朗 朗 朗 朗 朗 朗 朗 (총 11획)				
	朗	朗	朗	朗	朗
	밝을 랑				
	밝을 랑				

🌸 다음 훈음에 맞는 한자를 쓰세요.

밝을 랑	밝을 랑	밝을 랑	밝을 랑	밝을 랑	밝을 랑	밝을 랑	밝을 랑
朗							

🌸 빈 칸에 朗을 쓰고 朗이 쓰인 낱말을 읽어 보세요.

☐讀(낭독) : 글을 소리내어 읽음

(讀 : 읽을 독/구절 두)

明☐(명랑) : ① 밝고 맑아 걱정스러운 데가 없음
② 기분이 상쾌함

(明 : 밝을 명)

※ 'ㄹ'은 단어의 첫머리에 쓰이면 'ㄴ', 'ㅇ'으로 읽습니다.

월	일	
이름		확인

🌸 다음 한자의 훈과 음을 알아 보세요.

冷

훈 찰 음 랭

'차다, 식히다' 등을 뜻합니다.

• 상대반의어 : 熱(더울 열), 溫(따뜻할 온)
• 유의어 : 寒(찰 한)

🌸 순서에 맞게 冷을 쓰고 훈과 음을 쓰세요.

冷	冫부수			冷冷冷冷冷冷冷 (총 7획)	
	冷	冷	冷	冷	冷
	찰 랭				
찰 랭					
	찰 랭				

🌸 다음 훈음에 맞는 한자를 쓰세요.

찰 랭	찰 랭	찰 랭	찰 랭	찰 랭	찰 랭	찰 랭	찰 랭
冷							

🌸 빈 칸에 冷을 쓰고 冷이 쓰인 낱말을 읽어 보세요.

☐ 情(냉정) : ① 마음이 퍽 쌀쌀함
② 매정하고 쌀쌀한 마음

(情 : 뜻 정)

☐ 冷(냉랭) : ① 쌀쌀하게 차다
② 태도가 몹시 쌀쌀하다

(冷 : 찰 랭)

만화로 익히는 **고사성어**

千 里 眼 (천리안)

일천 천　　마을 리　　눈 안

'천(千) 리(里)를 내다보는 눈(眼)'이라는 뜻으로 **먼 곳에서 일어나는 일을 잘 알아내는 능력**을 말합니다. 북위에 양일(楊逸)이라는 사람이 광주 태수로 부임했습니다. 양일은 흉년에는 나라의 창고를 열어 백성들에게 나누어 주는 등 청렴하고 공정하기로 유명했습니다. 그래서 다른 관리들이 그를 경계하고 조심하여 이렇게 말했다 합니다. "양태수는 천 리를 내다보는 눈을 가지고 계시오. 도저히 속일 수가 없소이다." 천리안은 바로 양일의 고사에서 유래한 성어입니다.

🌸 다음 한자의 훈과 음을 알아 보세요.

良

훈 어질 음 량

'**어질다, 좋다**' 등을 뜻합니다.

🌸 순서에 맞게 良을 쓰고 훈과 음을 쓰세요.

良	良부수			良 良 良 良 良 良 良 (총 7획)
어질 량		良	良	良	良	良
	어질 량				
	어질 량				

🌸 다음 훈음에 맞는 한자를 쓰세요.

어질 량	어질 량	어질 량	어질 량	어질 량	어질 량	어질 량	어질 량
良							

🌸 빈 칸에 良을 쓰고 良이 쓰인 낱말을 읽어 보세요.

☐ 好(양호) : 매우 좋음

(好 : 좋을 호)

善☐ (선량) : 착하고도 어짊

(善 : 착할 선)

5급 빨리따기

🌱 다음 한자의 훈과 음을 알아 보세요.

量

훈 헤아릴 음 량

'헤아리다, 양' 등을 뜻합니다.

· 유의어 : 料(헤아릴 료)

🌱 순서에 맞게 量을 쓰고 훈과 음을 쓰세요.

量 헤아릴 량	里부수	量量量量量量量量量量量量 (총 12획)				
	量	量	量	量	量
	헤아릴 량				
	헤아릴 량				

🌱 다음 훈음에 맞는 한자를 쓰세요.

헤아릴 량	헤아릴 량	헤아릴 량	헤아릴 량	헤아릴 량	헤아릴 량	헤아릴 량	헤아릴 량
量							

🌱 빈 칸에 量을 쓰고 量이 쓰인 낱말을 읽어 보세요.

計[ ] (계량) : 분량이나 무게 따위를 잼

(計 : 셀 계)

重[ ] (중량) : ① 무게 ② 지구 상의 물체에 작용하는 중력의 크기

(重 : 무거울 중)

🌟 다음 한자의 훈과 음을 알아 보세요.

旅

훈 나그네 음 려

'**나그네, 군사**' 등을 뜻합니다.

🌟 순서에 맞게 旅를 쓰고 훈과 음을 쓰세요.

旅 나그네 려	方부수	旅 旅 旅 旅 旅 旅 旅 旅 旅 旅 (총 10획)
	旅	旅 旅 旅 旅
	나그네 려	
	나그네 려	

🌟 다음 훈음에 맞는 한자를 쓰세요.

나그네 려	나그네 려	나그네 려	나그네 려	나그네 려	나그네 려	나그네 려	나그네 려
旅							

🌟 빈 칸에 旅를 쓰고 旅가 쓰인 낱말을 읽어 보세요.

☐ 費(여비) : 여행하는 데 드는 돈 　　　　　　　　(費 : 쓸 비)

☐ 行(여행) : 볼 일이나 구경을 위해 먼 길을 감 　　　(行 : 다닐 행/항렬 항)

❀ 다음 한자의 훈과 음을 알아 보세요.

歷

훈 지날 음 력

'**지내다, 지나가다, 지내 온 일**'
등을 뜻합니다.

❀ 순서에 맞게 歷을 쓰고 훈과 음을 쓰세요.

歷 지날 력	止부수		歷 歷 歷 歷 歷 歷 歷 歷 (총 16획)
	歷	歷	歷 歷 歷
	지날 력		
	지날 력		

❀ 다음 훈음에 맞는 한자를 쓰세요.

지날 력	지날 력	지날 력	지날 력	지날 력	지날 력	지날 력	지날 력
歷							

❀ 빈 칸에 歷을 쓰고 歷이 쓰인 낱말을 읽어 보세요.

☐ 代 (역대) : 차례차례 서로 전해 내려오는
여러 대

(代 : 대신할 대)

來 ☐ (내력) : ① 지내온 일
② 실제로 경험하여 온 일

(來 : 올 래)

다음 한자의 훈과 음을 알아 보세요.

練

훈 익힐 음 련

'**익히다, 단련하다**' 등을 뜻합니다.

• 유의어 : 習(익힐 습)

순서에 맞게 練을 쓰고 훈과 음을 쓰세요.

練 익힐 련	糸부수	練練練練練練練練練練練練練練練 (총 15획)
	練 익힐 련	練　　練　　練　　練　　練
		익힐 련

다음 훈음에 맞는 한자를 쓰세요.

익힐 련	익힐 련	익힐 련	익힐 련	익힐 련	익힐 련	익힐 련	익힐 련
練							

빈 칸에 練을 쓰고 練이 쓰인 낱말을 읽어 보세요.

訓☐ (훈련) : 익숙해지도록 연습함　　　　　　　　　(訓 : 가르칠 훈)

☐習 (연습) : 학문이나 기술 등을 계속해서
배우고 익힘　　　　　　　　　　　(習 : 익힐 습)

☆ 다음 빈 칸에 알맞은 음(音)이나 한자(漢字)를 **보기**에서 찾아 쓰세요.

어느 마을⁽¹⁾(　　) 에 아주 큰 부자가 살고⁽²⁾(　　) 있었습니다.

그 부자의 집 앞에는 마을 사람들이 모두 자랑으로 여기는 아름드리 느티나무

한 그루가 서 있었습니다.

마을 사람들은 모두 이 나무를 좋아했지만 부자는 나무 그늘을 혼자⁽³⁾(　　)서

즐기고 싶어 평상을 펼쳐 놓았습니다.

새순이 돋아나는 봄⁽⁴⁾(　　) 에도, 태양이 뜨거운 여름⁽⁵⁾(　　)도, 落葉⁽⁶⁾(　　　　)

이 지는 가을도, 白雪⁽⁷⁾(　　　　)이 아름답게 쌓인 겨울도 부자는 느티나무가

만들어 주는 그늘을 자신과 그의 가족들만이 이용하도록 했습니다.

그러던 어느 날 전국을 旅行⁽⁸⁾(　　　　)하던 꾀많은 총각이 이 마을에 들렀습

니다.   〈계속〉

보기　①낙엽　②백설　③여행　④春　⑤夏　⑥獨　⑦邑　⑧住

1 다음 漢字語의 讀音을 쓰세요.

(1) 良民　（　　　　　）　　(2) 獨立　（　　　　　）

(3) 練習　（　　　　　）　　(4) 明朗　（　　　　　）

(5) 落島　（　　　　　）　　(6) 旅客　（　　　　　）

(7) 冷戰　（　　　　　）　　(8) 改良　（　　　　　）

(9) 度量　（　　　　　）　　(10) 獨白　（　　　　　）

(11) 旅行　（　　　　　）　　(12) 訓練　（　　　　　）

(13) 來歷　（　　　　　）　　(14) 良心　（　　　　　）

(15) 計量　（　　　　　）　　(16) 都邑　（　　　　　）

(17) 落書　（　　　　　）　　(18) 冷待　（　　　　　）

(19) 都市　（　　　　　）　　(20) 朗讀　（　　　　　）

2 다음 漢字의 訓과 音을 쓰세요.

(1) 練　（　　　　　）　　(2) 獨　（　　　　　）

(3) 歷　（　　　　　）　　(4) 朗　（　　　　　）

(5) 冷　（　　　　　）　　(6) 都　（　　　　　）

3 다음 밑줄 친 낱말을 漢字로 쓰세요.

(1) 내 소원은 우리 나라의 완전한 자주 독립이오.

(2) 낙서하지 마시오.

(3) 우리 부모님은 도시보다 농촌에서 살고 싶어 하신다.

(4) 이번 여름 방학 때는 친구들과 바다로 여행갈 것입니다.

(5) 보일러가 고장 나서 방안이 냉랭합니다.

(6) 엘리베이터의 적정 중량이 초과되었습니다.

(7) 오늘 시 낭독 모임은 다음 주로 연기되었습니다.

(8) 연습을 열심히 하여 훌륭한 운동 선수가 되겠다.

(9) 당신의 양심에 맡기겠습니다.

(10) 역대 대통령들의 사진을 보관하고 있습니다.

4 다음 訓과 音에 맞는 漢字를 쓰세요.

(1) 어질 량 (　　　)　　(2) 떨어질 락 (　　　)

(3) 나그네 려 (　　　)　　(4) 헤아릴 량 (　　　)

5 다음 漢字와 뜻이 상대 또는 반대되는 漢字를 쓰세요.

例　男 ↔ 女

(1) 冷 ↔ (　　　)

6 다음 (   )에 들어갈 漢字를 〈보기〉에서 골라 그 番號를 쓰세요.

> 보기   ① 有 ② 獨 ③ 旅 ④ 族

(1) 自主(   )立

7 다음 漢字와 뜻이 같거나 비슷한 漢字를 골라 그 番號를 쓰세요.

(1) 練 – (① 線 ② 然 ③ 給 ④ 習)

8 다음 漢字와 음이 같은 漢字를 골라 그 番號를 쓰세요.

(1) 歷 – (① 孫 ② 力 ③ 少 ④ 東)

(2) 良 – (① 量 ② 靑 ③ 同 ④ 動)

(3) 落 – (① 禮 ② 然 ③ 陽 ④ 樂)

9 다음 漢字語의 뜻을 쓰세요.

> 例   讀音 : ① 글 읽는 소리 ② 한자의 음

(1) 村落 – (   )   (2) 朗讀 – (   )

(3) 計量 – (   )   (4) 獨立 – (   )

10 다음 漢字의 略字(획수를 줄인 漢字)를 쓰세요.

> | 例 | 禮 → 礼 |

(1) 獨 - (   )

11 다음 물음에 답하세요.

(1)  ㉠획의 쓰는 순서를 아래에서 골라 번호를 쓰세요.

① 세 번째   ② 네 번째

③ 다섯 번째   ④ 여섯 번째

(2) ㉠획의 쓰는 순서를 아래에서 골라 번호를 쓰세요.

① 첫 번째   ② 두 번째

③ 세 번째   ④ 네 번째

(3) 良 쓰는 순서가 맞는 것을 아래에서 골라 번호를 쓰세요.

① ㉡ - ㉢ - ㉣ - ㉤ - ㉠ - ㉥ - ㉦

② ㉠ - ㉡ - ㉢ - ㉣ - ㉤ - ㉦ - ㉥

③ ㉡ - ㉠ - ㉢ - ㉣ - ㉤ - ㉥ - ㉦

④ ㉡ - ㉢ - ㉣ - ㉤ - ㉠ - ㉦ - ㉥

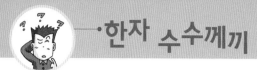
☆ 어떤 한자일까요? 맞춰 보세요.

흙 위에 작대기 하나를 그어 만들어진 한자는 무엇일까요?

100에서 1을 뺀 한자는 무엇일까요?

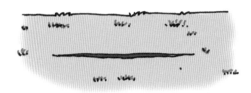

해답

▶ 王 임금 왕(土흙+ ─ 작대기)

▶ 白 흰 백(百 100에서─ ─ 1을 빼니)

• 王 : 임금 왕(王(玉)-총 4획) • 白 : 흰 백(白-총 5획)

 令 하여금 령

領 거느릴 령

 勞 일할 로

料 헤아릴 료

 流 흐를 류

類 무리 류

 陸 뭍 륙

馬 말 마

 末 끝 말

 亡 망할 망

🌼 다음 한자의 훈과 음을 알아 보세요.

令

훈 하여금 음 령

'**하여금, 명령, 장관, 높임말**' 등을 뜻합니다.

🌼 순서에 맞게 令을 쓰고 훈과 음을 쓰세요.

令 하여금 령	人부수		令令令令令 (총 5획)		
	令	令	令	令	令
	하여금 령				
	하여금 령				

🌼 다음 훈음에 맞는 한자를 쓰세요.

하여금 령	하여금 령	하여금 령	하여금 령	하여금 령	하여금 령	하여금 령	하여금 령
令							

🌼 빈 칸에 令을 쓰고 令이 쓰인 낱말을 읽어 보세요.

☐ 夫人(영부인) : 지체 높은 사람의 아내를 높여서 일컫는 말

(夫 : 지아비 부)
(人 : 사람 인)

命 ☐ (명령) : ① 윗사람이 아랫사람에게 내리는 분부
② 어떤 일을 지정하여 그대로 하게 시킴

(命 : 목숨 명)

월 일
이름 확인

🌸 다음 한자의 훈과 음을 알아 보세요.

領

훈 거느릴 음 령

'거느리다, 목' 등을 뜻합니다.

🌸 순서에 맞게 領을 쓰고 훈과 음을 쓰세요.

頁부수	領領領領領領領領領領領領領領領 (총 14획)

領

거느릴 령

領	領	領	領	領
거느릴 령				
거느릴 령				

🌸 다음 훈음에 맞는 한자를 쓰세요.

거느릴 령	거느릴 령	거느릴 령	거느릴 령	거느릴 령	거느릴 령	거느릴 령	거느릴 령
領							

🌸 빈 칸에 領을 쓰고 領이 쓰인 낱말을 읽어 보세요.

☐ 土(영토) : 한 나라의 주권을 행사할 수 있는 지역

(土 : 흙 토)

☐ 海(영해) : 그 나라의 통치권을 행사할 수 있는 범위로 12해리 이내의 바다

(海 : 바다 해)

🌱 다음 한자의 훈과 음을 알아 보세요.

勞

훈 일할 음 로

'**일하다, 수고하다**' 등을 뜻합니다.

• 상대반의어 : 使(부릴 사)

🌱 순서에 맞게 勞를 쓰고 훈과 음을 쓰세요.

勞 일할 로	力부수	勞勞勞勞勞勞勞勞勞勞勞勞 (총 12획)
	勞 勞 勞 勞 勞	
	일할 로	
		약자 劳
	일할 로	

🌱 다음 훈음에 맞는 한자를 쓰세요.

일할 로	일할 로	일할 로	일할 로	일할 로	일할 로	일할 로	일할 로
勞							

🌱 빈 칸에 勞를 쓰고 勞가 쓰인 낱말을 읽어 보세요.

☐ 苦(노고) : 수고롭게 애씀 (苦 : 쓸 고)

☐ 動(노동) : 사람이 생활에 필요한 물자를 얻고 삶의 가치를 실현하기 위해 정신적 · 육체적 활동을 하는 것 (動 : 움직일 동)

❀ 다음 한자의 훈과 음을 알아 보세요.

料

훈 헤아릴 음 료

'헤아리다, 생각하다' 등을 뜻합니다.

• 유의어 : 量(헤아릴 량)

❀ 순서에 맞게 料를 쓰고 훈과 음을 쓰세요.

斗부수	料 料 料 料 料 料 料 料 料 (총 10획)

料

헤아릴 료

料	料	料	料	料
헤아릴 료				
헤아릴 료				

❀ 다음 훈음에 맞는 한자를 쓰세요.

헤아릴 료	헤아릴 료	헤아릴 료	헤아릴 료	헤아릴 료	헤아릴 료	헤아릴 료	헤아릴 료
料							

❀ 빈 칸에 料를 쓰고 料가 쓰인 낱말을 읽어 보세요.

	理(요리) :	① 음식을 만듦 ② 어떤 일을 다룸	(理 : 다스릴 리)
	金(요금) :	보거나 쓰거나 수고를 끼친 값으로 치르는 돈	(金 : 쇠 금/성 김)

😊 다음 한자의 훈과 음을 알아 보세요.

流

훈흐를 음류

'**흐르다, 떠내려가다**' 등을 뜻합니다.

😊 순서에 맞게 流를 쓰고 훈과 음을 쓰세요.

流 흐를 류	氵(水)부수	流流流流流流流流流流 (총 10획)
	流 흐를 류	流　流　流　流　流
	흐를 류	

😊 다음 훈음에 맞는 한자를 쓰세요.

흐를 류	흐를 류	흐를 류	흐를 류	흐를 류	흐를 류	흐를 류	흐를 류
流							

😊 빈 칸에 流를 쓰고 流가 쓰인 낱말을 읽어 보세요.

☐行(유행) : 어느 일정한 때에 여러 사람에게 널리 퍼짐

(行 : 다닐 행/항렬 항)

落花☐水(낙화유수) : 떨어지는 꽃과 흐르는 물. 곧 가는 봄의 정경을 나타내는 말

(落 : 떨어질 락)
(花 : 꽃 화)
(水 : 물 수)

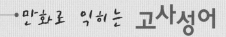

登 龍 門 (등용문)

오를 등   용 용   문 문

후한(後漢) 말기 내시들이 권력을 휘두르던 때 이응이라는 정의로운 관료가 있었습니다. 그는 혼탁한 관료들 사이에서 절개와 지조를 굽히지 않아 '천하의 모범'으로 칭송되었습니다. 그래서 이응에게 추천을 받게되면 '용문에 올랐다' 라고 말하였습니다. 본래 용문이란 황하강 상류의 골짜기로 수 천 마리의 물고기가 몰려 들지만 물의 흐름이 빠르고 가파라서 물고기들이 여간해서 거슬러가지 못하지만 오르기만 하면 용이 된다는 전설이 있는 곳입니다. 이처럼 등용문은 용문에 올라 용이 되는 물고기에서 이응의 추천을 받는 것으로 바뀌어 사용되었으며, 후에 다시 **입신출세의 관문**을 뜻하게 되었습니다.

🌱 다음 한자의 훈과 음을 알아 보세요.

類

'**무리, 비슷하다**' 등을 뜻합니다.

훈 무리 음 류

🌱 순서에 맞게 類를 쓰고 훈과 음을 쓰세요.

頁부수		類類類類類類類類類類類類 (총 19획)		
類	類	類	類	類
무리 류				
무리 류				

類

무리 류

🌱 다음 훈음에 맞는 한자를 쓰세요.

무리 류	무리 류	무리 류	무리 류	무리 류	무리 류	무리 류	무리 류
類							

🌱 빈 칸에 類를 쓰고 類가 쓰인 낱말을 읽어 보세요.

種☐ (종류) : 사물을 각각 부문에 따라서 나눈 갈래   (種 : 씨 종)

分☐ (분류) : ① 종류를 따로 구별함
② 사물 또는 인식을 정돈하여 체계를 세움   (分 : 나눌 분)

🌸 다음 한자의 훈과 음을 알아 보세요.

陸

훈뭍 음륙

'**뭍, 육지**' 등을 뜻합니다.

• 상대반의어 : 海(바다 해)

🌸 순서에 맞게 陸을 쓰고 훈과 음을 쓰세요.

β(阜)부수	陸陸陸陸陸陸陸陸陸陸陸 (총 11획)

陸

뭍 륙

陸	陸	陸	陸	陸
뭍 륙				
뭍 륙				

🌸 다음 훈음에 맞는 한자를 쓰세요.

뭍 륙	뭍 륙	뭍 륙	뭍 륙	뭍 륙	뭍 륙	뭍 륙	뭍 륙
陸							

🌸 빈 칸에 陸을 쓰고 陸이 쓰인 낱말을 읽어 보세요.

☐ 軍(육군) : 땅에서 전투 및 방어를 하는 군대   (軍 : 군사 군)

☐ 地(육지) : 물에 덮이지 않은 지구 표면   (地 : 땅 지)

🌷 다음 한자의 훈과 음을 알아 보세요.

馬

훈말 음마

'**말, 크다**' 등을 뜻합니다.

🌷 순서에 맞게 馬를 쓰고 훈과 음을 쓰세요.

馬	馬부수	馬馬馬馬馬馬馬馬馬馬 (총 10획)			
		馬	馬	馬	馬	馬
	말마				
말 마	말마				

🌷 다음 훈음에 맞는 한자를 쓰세요.

말마	말마	말마	말마	말마	말마	말마	말마
馬							

🌷 빈 칸에 馬를 쓰고 馬가 쓰인 낱말을 읽어 보세요.

☐ 夫(마부) : 말을 다루는 사람

(夫 : 지아비 부)

競 ☐ 場(경마장) : 일정한 시설을 갖추고, 경마를 하는 경기장

(競 : 다툴 경)
(場 : 마당 장)

5급 빨리따기

🌸 다음 한자의 훈과 음을 알아 보세요.

末

훈끝 음말

'끝, 결과' 등을 뜻합니다.

• 상대반의어 : 始(비로소 시), 初(처음 초)
• 유의어 : 終(마칠 종), 卒(마칠 졸)

🌸 순서에 맞게 末을 쓰고 훈과 음을 쓰세요.

末 끝 말	木부수 末末末末末 (총 5획)				
	末	末	末	末	末
	끝 말				
	끝 말				

🌸 다음 훈음에 맞는 한자를 쓰세요.

끝 말	끝 말	끝 말	끝 말	끝 말	끝 말	끝 말	끝 말
末							

🌸 빈 칸에 末을 쓰고 末이 쓰인 낱말을 읽어 보세요.

☐期(말기) : 어떤 시대나 기간의 끝이 되는 시기　　　(期 : 기약할 기)

年☐(연말) : 한 해의 마지막 무렵　　　(年 : 해 년)

🌸 다음 한자의 훈과 음을 알아 보세요.

亡

'망하다, 잃다, 죽다, 없다' 등을 뜻합니다.

훈 망할 음 망

🌸 순서에 맞게 亡을 쓰고 훈과 음을 쓰세요.

亡	亠부수				亡 亡 亡 (총 3획)
	亡	亡	亡	亡	亡
망할 망	망할 망				
	망할 망				

🌸 다음 훈음에 맞는 한자를 쓰세요.

망할 망	망할 망	망할 망	망할 망	망할 망	망할 망	망할 망	망할 망
亡							

🌸 빈 칸에 亡을 쓰고 亡이 쓰인 낱말을 읽어 보세요.

☐ 身(망신) : 자기의 지위·명예·체면 따위를 망침   (身 : 몸 신)

☐ 命(망명) : 혁명 운동의 실패, 또는 그 밖의 사정으로 제 나라에 있지 못하고 남의 나라로 몸을 피하여 옮김   (命 : 목숨 명)

☆ 다음 빈 칸에 알맞은 음(音)이나 한자(漢字)를 **보기**에서 찾아 쓰세요.

총각은 평상에 앉아 흐르는⁽¹⁾(□) 땀을 닦고 쉬던 중에 깜빡 잠이 들고 말았습니다. 얼마 후 부자는 잠이 든 총각에게 "아니, 이런 망⁽²⁾(□) 할 놈 같으니라구, 이 놈이 여기가 어디라고 낮잠을 자는거야! 어서 일어나지 못해!"

하며 총각을 깨웠습니다.

"아니, 왜 이러시는 거예요? 나무 밑에서 낮잠을 좀 잔 것 가지고 이렇게 야박하게 하시나요. 어차피 나무는 마을의 나무인데요!"

총각은 어이없어 하며 對答⁽³⁾(□□)했습니다.

"아니, 이런 놈이 있나! 이 나무는 우리 집 앞에 있고 우리 4대조 할아버지께서 힘써서 일하여⁽⁴⁾(□) 심으셨으니 그 그늘도 當然⁽⁵⁾(□□)히 내 것이지 이 놈아!"

〈계속〉

보기   ① 대답   ② 당연   ③ 流   ④ 亡   ⑤ 勞

1 다음 漢字語의 讀音을 쓰세요.

(1) 命令　（　　　　）　　　(2) 馬車　（　　　　）

(3) 料金　（　　　　）　　　(4) 流動　（　　　　）

(5) 領土　（　　　　）　　　(6) 發令　（　　　　）

(7) 亡身　（　　　　）　　　(8) 勞力　（　　　　）

(9) 陸路　（　　　　）　　　(10) 年末　（　　　　）

(11) 領海　（　　　　）　　　(12) 馬夫　（　　　　）

(13) 過勞　（　　　　）　　　(14) 陸軍　（　　　　）

(15) 衣類　（　　　　）　　　(16) 分類　（　　　　）

(17) 亡命　（　　　　）　　　(18) 流行　（　　　　）

(19) 料理　（　　　　）　　　(20) 本末　（　　　　）

2 다음 漢字의 訓과 音을 쓰세요.

(1) 類　（　　　　）　　　(2) 領　（　　　　）

(3) 陸　（　　　　）　　　(4) 勞　（　　　　）

(5) 料　（　　　　）　　　(6) 令　（　　　　）

월   일 이름   확인

3 다음 밑줄 친 낱말을 漢字로 쓰세요.

(1) 다음 달에 버스 요금이 또 인상된다고 합니다.

(2) 상품의 유통 구조를 합리화해야 할 필요가 있습니다.

(3) 명령만 내리십시오.

(4) 도서 분류 작업 때문에 오늘은 도서관을 열지 않습니다.

(5) 바다가 육지라면.

(6) 한 나라가 주권을 행사할 수 있는 지역을 영토라고 한다.

(7) 그간 여러분의 노고에 감사드립니다.

(8) 그는 사람들 앞에서 망신을 당했다.

(9) 일의 본말이 뒤바뀌었다.

(10) 마차가 갑자기 멈추었습니다.

4 다음 訓과 音에 맞는 漢字를 쓰세요.

(1) 말 마   (   )   (2) 흐를 류 (   )

(3) 끝 말   (   )   (4) 망할 망 (   )

5 다음 漢字와 뜻이 상대 또는 반대되는 漢字를 쓰세요.

例	男 ↔ 女

(1) 陸 ↔ (   )   (2) 勞 ↔ (   )

6 다음 (   )에 들어갈 漢字를 〈보기〉에서 골라 그 番號를 쓰세요.

> 보 기   ① 流 ② 有 ③ 陸 ④ 料

(1) 落花(   )水

7 다음 漢字와 뜻이 같거나 비슷한 漢字를 골라 그 番號를 쓰세요.

(1) 料 － (① 量 ② 家 ③ 過 ④ 旗)

8 다음 漢字와 음이 같은 漢字를 골라 그 番號를 쓰세요.

(1) 令 － (① 落 ② 領 ③ 景 ④ 民)

(2) 勞 － (① 路 ② 歌 ③ 淸 ④ 體)

(3) 陸 － (① 理 ② 規 ③ 江 ④ 六)

9 다음 漢字語의 뜻을 쓰세요.

> 例   讀音 : ① 글 읽는 소리 ② 한자의 음

(1) 令夫人 － (   ) (2) 過勞 － (   )

(3) 水陸 － (   ) (4) 領土 － (   )

⑩ 다음 漢字의 略字(획수를 줄인 漢字)를 쓰세요.

> | 例 | 禮 → 礼 |

(1) 勞 – (   )

⑪ 다음 물음에 답하세요.

(1)  ㉠획의 쓰는 순서를 아래에서 골라 번호를 쓰세요.

① 첫 번째　　　　　② 두 번째

③ 세 번째　　　　　④ 네 번째

(2)  ㉠획의 쓰는 순서를 아래에서 골라 번호를 쓰세요.

① 두 번째　　　　　② 세 번째

③ 네 번째　　　　　④ 다섯 번째

(3) 末 쓰는 순서가 맞는 것을 아래에서 골라 번호를 쓰세요.

① ㉠ – ㉡ – ㉢ – ㉣ – ㉤

② ㉠ – ㉡ – ㉣ – ㉤ – ㉢

③ ㉠ – ㉣ – ㉡ – ㉤ – ㉢

④ ㉣ – ㉠ – ㉡ – ㉤ – ㉢

한자 수수께끼

☆ 어떤 한자일까요? 맞춰 보세요.

눈 위에 대나무 잎사귀 하나가 붙어 있는 한자는 무엇일까요?

아랫 층, 윗 층에 모두 불이 붙은 한자는 무엇일까요?

해답

▶ 自 스스로 자(目 눈 + ✐ 대나무 잎사귀)

▶ 炎 불꽃 염(火 아래에 불 + 火 위에 불)

• 自 : 스스로 자(自-총 6획)   • 炎 : 불꽃 염(火-총 8획)

 望 바랄 망

 買 살 매

 賣 팔 매

 無 없을 무

 倍 곱 배

 法 법 법

 變 변할 변

 兵 병사 병

 福 복 복

 奉 받들 봉

🌱 다음 한자의 훈과 음을 알아 보세요.

望

훈 바랄　음 망

'**바라다, 보름**' 등을 뜻합니다.

🌱 순서에 맞게 望을 쓰고 훈과 음을 쓰세요.

望	月부수	望望望望望望望望望望望 (총 11획)			
	望	望	望	望	望
	바랄 망				
바랄 망					
	바랄 망				

🌱 다음 훈음에 맞는 한자를 쓰세요.

바랄 망	바랄 망	바랄 망	바랄 망	바랄 망	바랄 망	바랄 망	바랄 망
望							

🌱 빈 칸에 望을 쓰고 望이 쓰인 낱말을 읽어 보세요.

　　月 (망월) : 보름달　　　　　　　　　　　　　　　(月 : 달 월)

所　　 (소망) : 바라는 바　　　　　　　　　　　　　(所 : 바/곳 소)

월 일	
이름	확인

🌸 다음 한자의 훈과 음을 알아 보세요.

買

훈살 음매

'**사다, 사들이다**' 등을 뜻합니다.

• 상대반의어 : 賣(팔 매)

🌸 순서에 맞게 買를 쓰고 훈과 음을 쓰세요.

買

살 매

貝부수	買買買買買買買買買買買買 (총 12획)

買	買	買	買	買
살 매				
살 매				

🌸 다음 훈음에 맞는 한자를 쓰세요.

살 매	살 매	살 매	살 매	살 매	살 매	살 매	살 매
買							

🌸 빈 칸에 買를 쓰고 買가 쓰인 낱말을 읽어 보세요.

☐入(매입) : 사들임   (入 : 들 입)

賣☐(매매) : 물건을 팔고 사는 일   (賣 : 팔 매)

🌱 다음 한자의 훈과 음을 알아 보세요.

賣

훈팔 음매

'팔다, 배신하다' 등을 뜻합니다.

• 상대반의어 : 買(살 매)

🌱 순서에 맞게 賣를 쓰고 훈과 음을 쓰세요.

賣 팔 매	貝부수	賣賣賣賣賣賣賣賣賣賣賣賣賣賣賣 (총 15획)			
		賣	賣	賣	賣
		팔 매			
					약자 売
		팔 매			

🌱 다음 훈음에 맞는 한자를 쓰세요.

팔 매	팔 매	팔 매	팔 매	팔 매	팔 매	팔 매	팔 매
賣							

🌱 빈 칸에 賣를 쓰고 賣가 쓰인 낱말을 읽어 보세요.

☐ 出(매출) : 물건을 내어 팖 　　　　　　　(出 : 날 출)

☐ 國(매국) : 제 나라의 명예나 복리를 적대 관계에
있는 나라에 팖 　　　　　　　(國 : 나라 국)

🌱 다음 한자의 훈과 음을 알아 보세요.

無
훈 없을 음 무

'없다, ~말라(금지하는 말)'
등을 뜻합니다.
• 상대반의어 : 有(있을 유)

🌱 순서에 맞게 無를 쓰고 훈과 음을 쓰세요.

⺣(火)부수	無無無無無無無無無無無無 (총 12획)

無 없을 무	無	無	無	無
	없을 무			
				약자 无
	없을 무			

🌱 다음 훈음에 맞는 한자를 쓰세요.

없을 무	없을 무	없을 무	없을 무	없을 무	없을 무	없을 무	없을 무
無							

🌱 빈 칸에 無를 쓰고 無가 쓰인 낱말을 읽어 보세요.

☐ 用之物(무용지물) : 아무짝에도 쓸데 없는 물건 또는 사람

(用 : 쓸 용)
(之 : 어조사 지)
(物 : 물건 물)

☐ 能力(무능력) : 일을 감당할 능력이 없음

(能 : 능할 능)
(力 : 힘 력)

🌸 다음 한자의 훈과 음을 알아 보세요.

倍

훈곱 음배

'곱, 곱하다, 등지다' 등을 뜻합니다.

🌸 순서에 맞게 倍를 쓰고 훈과 음을 쓰세요.

倍 곱 배	イ(人)부수		倍倍倍倍倍倍倍倍倍倍 (총 10획)			
		倍	倍	倍	倍	倍
	곱배					
	곱배					

🌸 다음 훈음에 맞는 한자를 쓰세요.

곱 배	곱 배	곱 배	곱 배	곱 배	곱 배	곱 배	곱 배
倍							

🌸 빈 칸에 倍를 쓰고 倍가 쓰인 낱말을 읽어 보세요.

十 [　] (십배) : 열 배

(十 : 열 십)

[　] 數 (배수) : 갑절이 되는 수

(數 : 셈 수)

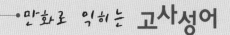

螢 雪 之 功 (형설지공)

반딧불 **형**　　눈 **설**　　어조사 **지**　　공 **공**

'반딧불(螢)과 눈(雪)의(之) 공로(功)'라는 뜻으로 **어려운 여건을 극복하고 꾸준히 공부하여 얻은 성과를** 가리키는 말입니다.

손강(孫康)은 가난하여 기름 살 돈이 없었습니다. 그래서 그는 눈빛에 책을 비추어 글을 읽었습니다. 또 차윤(車胤)이란 사람도 기름을 구할 돈이 없어 반딧불을 잡아 공부를 했습니다. 마침내 손강과 차윤 모두 훗날 높은 벼슬에 올랐습니다. 이 고사에서 유래되어 어려운 처지에서 공부하는 것을 '형설지공'이라 합니다.

월 일
이름 확인

❀ 다음 한자의 훈과 음을 알아 보세요.

法
훈법 음법

'**법, 본받다**' 등을 뜻합니다.

• 유의어 : 則(법칙 칙), 規(법 규),
　　　　　式(법 식)

❀ 순서에 맞게 法을 쓰고 훈과 음을 쓰세요.

法
법 법

氵(水)부수		法法法法法法法法 (총 8획)		
法	法	法	法	法
법법				
법법				

❀ 다음 훈음에 맞는 한자를 쓰세요.

법법	법법	법법	법법	법법	법법	법법	법법
法							

❀ 빈 칸에 法을 쓰고 法이 쓰인 낱말을 읽어 보세요.

[　] 學(법학) : 법률에 관한 학문 　　　　　　　　(學 : 배울 학)

[　] 規(법규) : 법률의 규정·규칙·규범을 통틀어
　　　　　　　이르는 말 　　　　　　　　　　(規 : 법 규)

	월	일	
이름			확인

🌱 다음 한자의 훈과 음을 알아 보세요.

훈변할 음변

'변하다, 고치다, 재앙' 등을 뜻합니다.

🌱 순서에 맞게 變을 쓰고 훈과 음을 쓰세요.

言부수

變 變 變 變 變 變 變 (총 23획)

變 변할 변	變	變	變	變	變
	변할 변				
				약자	変
	변할 변				

🌱 다음 훈음에 맞는 한자를 쓰세요.

변할 변	변할 변	변할 변	변할 변	변할 변	변할 변	변할 변	변할 변
變							

🌱 빈 칸에 變을 쓰고 變이 쓰인 낱말을 읽어 보세요.

☐ 色(변색) : 색이 변함

(色 : 빛 색)

☐ 德(변덕) : 이랬다저랬다 하면서 결심이나 결정을 바꾸는 태도나 성질

(德 : 큰 덕)

| 월 | 일 | 확인 |
| 이름 | | |

🌸 다음 한자의 훈과 음을 알아 보세요.

兵

훈 병사 음 병

'군사, 무기' 등을 뜻합니다.

• 유의어 : 卒(병사/마칠 졸)

🌸 순서에 맞게 兵을 쓰고 훈과 음을 쓰세요.

八부수			兵兵兵兵兵兵兵 (총 7획)		
兵	兵	兵	兵	兵	兵
병사 병	병사 병				
	병사 병				

🌸 다음 훈음에 맞는 한자를 쓰세요.

병사 병	병사 병	병사 병	병사 병	병사 병	병사 병	병사 병	병사 병
兵							

🌸 빈 칸에 兵을 쓰고 兵이 쓰인 낱말을 읽어 보세요.

☐ **法**(병법) : 군사 작전의 방법   (法 : 법 법)

☐ **力**(병력) : 군대의 인원   (力 : 힘 력)

월   일

이름   확인

🌼 다음 한자의 훈과 음을 알아 보세요.

福

훈복 음복

'복, 복을 받다' 등을 뜻합니다.

🌼 순서에 맞게 福을 쓰고 훈과 음을 쓰세요.

福	示부수	福福福福福福福福福福福福福福 (총 14획)			
	福	福	福	福	福
	복복				
복복					
	복복				

🌼 다음 훈음에 맞는 한자를 쓰세요.

복복	복복	복복	복복	복복	복복	복복	복복
福							

🌼 빈 칸에 福을 쓰고 福이 쓰인 낱말을 읽어 보세요.

☐ 利(복리) : 행복과 이익

(利 : 이로울 리)

☐ 音(복음) : ① 반가운 소식 ② 그리스도를 통하여 하느님이 인간에게 준 계시

(音 : 소리 음)

🌱 다음 한자의 훈과 음을 알아 보세요.

奉

훈 받들 음 봉

'**받들다, 바치다**' 등을 뜻합니다.

🌱 순서에 맞게 奉을 쓰고 훈과 음을 쓰세요.

大부수	奉 奉 奉 奉 奉 奉 奉 奉 (총 8획)				
奉	奉	奉	奉	奉	奉
받들 봉	받들 봉				
	받들 봉				

받들 봉

🌱 다음 훈음에 맞는 한자를 쓰세요.

받들 봉	받들 봉	받들 봉	받들 봉	받들 봉	받들 봉	받들 봉	받들 봉
奉							

🌱 빈 칸에 奉을 쓰고 奉이 쓰인 낱말을 읽어 보세요.

信☐(신봉) : 옳다고 믿고 받듦

(信 : 믿을 신)

☐仕(봉사) : 아무 조건 없이 몸바쳐 일함

(仕 : 섬길 사)

이야기로 익히는 한자 3

☆ 다음 빈 칸에 알맞은 음(音)이나 한자(漢字)를 **보기**에서 찾아 쓰세요.

　　총각은 다른 사람 생각은 전혀 하지 않고 혼자의 욕심만 차리는 부자를 혼내

주고 싶었습니다.

"아, 영감님 말씀을 듣고 보니 정말 그렇군요! 저는 이 나무⁽¹⁾( )그늘이 영감

님댁 것인 줄도 모르고 失禮⁽²⁾( )를 저질렀습니다. 영감님 제게 이 나

무 그늘을 파십시오⁽³⁾( )."

"뭐라구? 이 나무 그늘을 네가 산다고⁽⁴⁾( )?"

"네 그렇습니다. 영감님께서 저 같이 가진 것 없는 놈에게 그늘을 파신다면

後代⁽⁵⁾( )에 많은 복⁽⁶⁾( )을 받으실 것입니다. "

"그래, 네 소원이 정히 그렇다면 네게 그늘을 팔겠다." 부자는 마음 속으로 쾌

재를 불렀고, 총각은 다른 사람의 돈을 빌려 값⁽⁷⁾( )을 치뤘습니다. 〈계속〉

보기 ① 실례 ② 후대 ③ 樹 ④ 買 ⑤ 賣 ⑥ 價 ⑦ 福

1 다음 漢字語의 讀音을 쓰세요.

(1) 賣買 (　　　)   (2) 兵力 (　　　)

(3) 倍數 (　　　)   (4) 望月 (　　　)

(5) 所望 (　　　)   (6) 買入 (　　　)

(7) 信奉 (　　　)   (8) 變身 (　　　)

(9) 賣出 (　　　)   (10) 十倍 (　　　)

(11) 兵法 (　　　)   (12) 無料 (　　　)

(13) 無能力 (　　　)   (14) 文法 (　　　)

(15) 變色 (　　　)   (16) 福音 (　　　)

(17) 福利 (　　　)   (18) 無關心 (　　　)

(19) 法規 (　　　)   (20) 兵部 (　　　)

2 다음 漢字의 訓과 音을 쓰세요.

(1) 賣 (　　　)   (2) 奉 (　　　)

(3) 望 (　　　)   (4) 買 (　　　)

(5) 變 (　　　)   (6) 法 (　　　)

③ 다음 밑줄 친 낱말을 漢字로 쓰세요.

(1) 시민회관에서는 인터넷실을 <u>무료</u>로 개방하고 있습니다.

(2) 4의 <u>배수</u>는 2의 배수에 포함됩니다.

(3) 사람들은 모두 자신의 <u>소망</u>을 이루기 위해 노력한다.

(4) 한국어 <u>문법</u>은 그리 어렵거나 복잡하지 않습니다.

(5) 고려 <u>말기</u>에는 지방 호족들이 세력을 떨쳤다.

(6) 상반기 <u>매출</u>이 많이 늘었습니다.

(7) 돈이 많이 있다고 다 <u>행복</u>한 것은 아닙니다.

(8) 부동산 <u>매매</u>가 활발하게 이루어지고 있습니다.

(9) 저는 <u>법학</u>을 전공하고 있습니다.

(10) 카멜레온은 <u>변색</u>의 명수입니다.

④ 다음 訓과 音에 맞는 漢字를 쓰세요.

(1) 병사 병 (   )   (2) 없을 무 (   )

(3) 복 복   (   )   (4) 곱 배   (   )

⑤ 다음 漢字와 뜻이 상대 또는 반대되는 漢字를 쓰세요.

例	男 ↔ 女

(1) 買 ↔ (   )   (2) 末 ↔ (   )

(3) 有 ↔ (   )

6 다음 ( )에 들어갈 漢字를 〈보기〉에서 골라 그 番號를 쓰세요.

보기   ① 亡 ② 馬 ③ 無 ④ 別

(1) ( )用之物

7 다음 漢字와 뜻이 같거나 비슷한 漢字를 골라 그 番號를 쓰세요.

(1) 式 - (① 食 ② 植 ③ 倍 ④ 法)

8 다음 漢字와 음이 같은 漢字를 골라 그 番號를 쓰세요.

(1) 望 - (① 月 ② 亡 ③ 信 ④ 主)

(2) 賣 - (① 見 ② 室 ③ 業 ④ 買)

9 다음 漢字語의 뜻을 쓰세요.

例   讀音 : ① 글 읽는 소리 ② 한자의 음

(1) 所望 - ( )   (2) 賣買 - ( )

(3) 名馬 - ( )   (4) 變心 - ( )

10 다음 漢字의 略字(획수를 줄인 漢字)를 쓰세요.

例	禮 → 礼

(1) 賣 – (   )   (2) 變 – (   )

(3) 無 – (   )

11 다음 물음에 답하세요.

(1)  ㉠획의 쓰는 순서를 아래에서 골라 번호를 쓰세요.

① 세 번째   ② 네 번째

③ 다섯 번째   ④ 여섯 번째

(2)  ㉠획의 쓰는 순서를 아래에서 골라 번호를 쓰세요.

① 첫 번째   ② 두 번째

③ 세 번째   ④ 네 번째

(3) 兵 쓰는 순서가 맞는 것을 아래에서 골라 번호를 쓰세요.

① ㉠ - ㉡ - ㉢ - ㉣ - ㉤ - ㉥ - ㉦

② ㉡ - ㉠ - ㉥ - ㉤ - ㉦ - ㉢ - ㉣

③ ㉠ - ㉡ - ㉥ - ㉤ - ㉦ - ㉢ - ㉣

④ ㉡ - ㉠ - ㉤ - ㉥ - ㉦ - ㉢ - ㉣

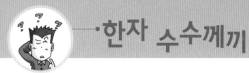
☆ 어떤 한자일까요? 맞춰 보세요.

물고기 **옆**에 양이 나란히 서 있는 한자는 무엇일까요?

마음에 지팡이를 걸치고 있는 한자는 무엇일까요?

해 답

▶ 鮮 고울 선(魚물고기 + 羊양)

▶ 必 반드시 필(心마음 + ノ지팡이)

・鮮 : 고울 선(魚-총 17획) ・必 : 반드시 필(心-총 5획)

5급 ②과정 한자능력검정시험

 比 견줄 비

 費 쓸 비

 鼻 코 비

氷 얼음 빙

士 선비 사

仕 섬길 사

 史 사기 사

 查 조사할 사

 思 생각 사

 寫 베낄 사

🌸 다음 한자의 훈과 음을 알아 보세요.

比

'**견주다, 나란히 하다**' 등을 뜻합니다.

훈 견줄 음 비

🌸 순서에 맞게 比를 쓰고 훈과 음을 쓰세요.

比부수				比 比 比 比 (총 4획)
比	比	比	比	比
견줄 비				
견줄 비				

比
견줄 비

🌸 다음 훈음에 맞는 한자를 쓰세요.

견줄 비	견줄 비	견줄 비	견줄 비	견줄 비	견줄 비	견줄 비	견줄 비
比							

🌸 빈 칸에 比를 쓰고 比가 쓰인 낱말을 읽어 보세요.

對[　](대비) : 서로 맞대어 비교함　　　　　　　　　　　　(對 : 대할 대)

[　]例(비례) : ① 서로 견주어 봄 ② 수를 서로 견주어
　　　　　　　같은 관계를 셈하는 법　　　　　　(例 : 법식 례)

🌱 다음 한자의 훈과 음을 알아 보세요.

費

훈쓸 음비

'쓰다, 비용' 등을 뜻합니다.

🌱 순서에 맞게 費를 쓰고 훈과 음을 쓰세요.

費 쓸 비	貝부수	費費費費費費費費費費費費 (총 12획)				
	費	費	費	費	費
	쓸비				
	쓸비				

🌱 다음 훈음에 맞는 한자를 쓰세요.

쓸비	쓸비	쓸비	쓸비	쓸비	쓸비	쓸비	쓸비
費							

🌱 빈 칸에 費를 쓰고 費가 쓰인 낱말을 읽어 보세요.

學　(학비) : 공부하는 데에 드는 비용

(學 : 배울 학)

消　(소비) : 돈이나 물건·시간·노력 따위를 써서 없앰

(消 : 사라질 소)

월   일
이름   확인

🌸 다음 한자의 훈과 음을 알아 보세요.

鼻
훈코 음비

'코, 처음' 등을 뜻합니다.

🌸 순서에 맞게 鼻를 쓰고 훈과 음을 쓰세요.

鼻	鼻부수	鼻鼻鼻鼻鼻鼻鼻鼻鼻鼻鼻鼻鼻鼻 (총 14획)				
코 비		鼻	鼻	鼻	鼻	鼻
	코비					
	코비					

🌸 다음 훈음에 맞는 한자를 쓰세요.

코비	코비	코비	코비	코비	코비	코비	코비
鼻							

🌸 빈 칸에 鼻를 쓰고 鼻가 쓰인 낱말을 읽어 보세요.

耳目口 ☐ (이목구비) : 귀, 눈, 입, 코를 아울러 이르는 말

(耳 : 귀 이)
(目 : 눈 목)
(口 : 입 구)

☐ 音(비음) : ① 입안의 통로를 막고 코로 공기를 내보내면서 내는 소리, ㄴ·ㅁ·ㅇ 등 ② 코가 막힌 듯이 내는 소리

(音 : 소리 음)

❀ 다음 한자의 훈과 음을 알아 보세요.

氷

'**얼음, 얼다**' 등을 뜻합니다.

훈 얼음　음 빙

❀ 순서에 맞게 氷을 쓰고 훈과 음을 쓰세요.

얼음 빙

水부수			氷 氷 氷 氷 氷 (총 5획)	
氷	氷	氷	氷	氷
얼음 빙				
얼음 빙				

❀ 다음 훈음에 맞는 한자를 쓰세요.

얼음 빙	얼음 빙	얼음 빙	얼음 빙	얼음 빙	얼음 빙	얼음 빙	얼음 빙
氷							

❀ 빈 칸에 氷을 쓰고 氷이 쓰인 낱말을 읽어 보세요.

　　水(빙수) : 얼음 물　　　　　　　　　　　　　　(水 : 물 수)

　　山(빙산) : 남극이나 북극의 바다에 떠 있는 거대한
　　　　　　　 얼음 덩어리　　　　　　　　　　　　(山 : 메 산)

🌼 다음 한자의 훈과 음을 알아 보세요.

士

훈 선비 음 사

'**선비, 병사**' 등을 뜻합니다.

🌼 순서에 맞게 士를 쓰고 훈과 음을 쓰세요.

士	士부수				士 士 士 (총 3획)
선비 사	士	士	士	士	士
	선비 사				
	선비 사				

🌼 다음 훈음에 맞는 한자를 쓰세요.

선비 사	선비 사	선비 사	선비 사	선비 사	선비 사	선비 사	선비 사
士							

🌼 빈 칸에 士를 쓰고 士가 쓰인 낱말을 읽어 보세요.

兵 ☐ (병사) : 병정, 군사

(兵 : 병사 병)

名 ☐ (명사) : 사회에서 이름이 널리 알려진 사람

(名 : 이름 명)

青 出 於 藍 (청출어람)

푸를 청　　날 출　　어조사 어　　쪽 람

'푸른 색(青)은 쪽(藍)이라는 풀에서(於) 나왔지만(出) 쪽빛(藍)보다(於) 더 푸르다(青).'라는 뜻으로 제자가 스승보다 더 뛰어난 경우에 하는 말입니다.

이 말은 전국 시대의 학자인 순자(荀子)의 글에서 나오는 구절입니다.

'青取(가질 취)之於藍而(말이을 이)青於藍 -푸른 색은 쪽에서 취했지만 쪽빛보다 더 푸르다-

월   일
이름   확인

🌸 다음 한자의 훈과 음을 알아 보세요.

仕

훈 섬길 음 사

'**섬기다, 벼슬**' 등을 뜻합니다.

🌸 순서에 맞게 仕를 쓰고 훈과 음을 쓰세요.

亻(人)부수				仕 仕 仕 仕 仕 (총 5획)
仕	仕	仕	仕	仕
섬길 사				
섬길 사				

仕

섬길 사

🌸 다음 훈음에 맞는 한자를 쓰세요.

섬길 사	섬길 사	섬길 사	섬길 사	섬길 사	섬길 사	섬길 사	섬길 사
仕							

🌸 빈 칸에 仕를 쓰고 仕가 쓰인 낱말을 읽어 보세요.

出 ☐ (출사) : 직위를 맡아 관청에 출근함

(出 : 날 출)

奉 ☐ 活動 (봉사활동) : 국가나 사회 또는 남을 위하여 자신을 돌보지 않고 애쓰는 활동

(奉 : 받들 봉)
(活 : 살 활)
(動 : 움직일 동)

🌱 다음 한자의 훈과 음을 알아 보세요.

훈 사기 음 사

'사기, 역사' 등을 뜻합니다.

🌱 순서에 맞게 史를 쓰고 훈과 음을 쓰세요.

□부수				史 史 史 史 史 (총 5획)
史 사기 사	史	史	史	史
	사기 사			
	사기 사			

🌱 다음 훈음에 맞는 한자를 쓰세요.

사기 사	사기 사	사기 사	사기 사	사기 사	사기 사	사기 사	사기 사
史							

🌱 빈 칸에 史를 쓰고 史가 쓰인 낱말을 읽어 보세요.

歷 ☐ (역사) : 사람이나 세상이 변해온 자취

(歷 : 지날 력)

☐ 書 (사서) : 역사를 기록한 책

(書 : 글 서)

🌸 다음 한자의 훈과 음을 알아 보세요.

훈 조사할 음 사

'**조사하다, 사돈**' 등을 뜻합니다.

🌸 순서에 맞게 査를 쓰고 훈과 음을 쓰세요.

	木부수	査 査 査 査 査 査 査 査 査 (총 9획)
査 조사할 사	査　　査　　査　　査　　査 조사할 사 조사할 사	

🌸 다음 훈음에 맞는 한자를 쓰세요.

조사할 사	조사할 사	조사할 사	조사할 사	조사할 사	조사할 사	조사할 사	조사할 사
査							

🌸 빈 칸에 査를 쓰고 査가 쓰인 낱말을 읽어 보세요.

☐ 定(사정) : 조사하여 결정함　　　　　　　　(定 : 정할 정)

考 ☐ (고사) : ① 자세히 생각하고 조사함
② 학교에서 학생의 학력을 시험함, 또는 그 시험　　(考 : 생각할 고)

5급 빨리따기

🌸 다음 한자의 훈과 음을 알아 보세요.

思

훈 생각 음 사

'생각, 생각하다' 등을 뜻합니다.
• 유의어 : 考(생각할 고)

🌸 순서에 맞게 思를 쓰고 훈과 음을 쓰세요.

心부수	思 思 思 思 思 思 思 思 思 (총 9획)				
思 생각 사	思 생각 사	思	思	思	思
	생각 사				

🌸 다음 훈음에 맞는 한자를 쓰세요.

생각 사	생각 사	생각 사	생각 사	생각 사	생각 사	생각 사	생각 사
思							

🌸 빈 칸에 思를 쓰고 思가 쓰인 낱말을 읽어 보세요.

意 ☐ (의사) : 생각이나 마음

(意 : 뜻 의)

☐ 想 (사상) : ① 생각 · 의견
② 사고 작용의 결과로 얻은 체계적인 의식 내용

(想 : 생각 상)

🌸 다음 한자의 훈과 음을 알아 보세요.

寫

훈 베낄 음사

'베끼다, 그리다' 등을 뜻합니다.

🌸 순서에 맞게 寫를 쓰고 훈과 음을 쓰세요.

寫 베낄 사	ㅗ부수	寫寫寫寫寫寫寫寫寫寫寫寫寫寫寫 (총 15획)
	寫　寫　寫　寫　寫	
	베낄 사	
		약자 寫　写　写
	베낄 사	

🌸 다음 훈음에 맞는 한자를 쓰세요.

베낄 사	베낄 사	베낄 사	베낄 사	베낄 사	베낄 사	베낄 사	베낄 사
寫							

🌸 빈 칸에 寫를 쓰고 寫가 쓰인 낱말을 읽어 보세요.

☐ 生畵(사생화) : 대상을 있는 그대로 그린 그림

(生 : 날 생)
(畵 : 그림 화/그을 획)

☐ 本(사본) : 옮기어 베낌, 또는 베낀 책이나 서류

(本 : 근본 본)

☆ 다음 빈 칸에 알맞은 음(音)이나 한자(漢字)를 **보기**에서 찾아 쓰세요.

"자, 그럼 영감님 이젠 제 그늘에 서 계시지 말고 밖⁽¹⁾(　　)으로 나가 주십시오."

"응, 그렇군."

面目⁽²⁾(　　)이 없어진 부자는 코⁽³⁾(　　)를 만지며 집안으로 들어갔습니다.

한낮의 뜨거운 태양⁽⁴⁾(　　)도 점점 위력을 잃고 해가 서산⁽⁵⁾(　　)으

로 기울기 시작했습니다. 느티나무의 그림자가 점점 길어지더니 부잣집의 마당⁽⁶⁾

(　　) 안에까지 걸쳐졌습니다. 총각은 그 그늘을 따라 평상을 가지고 집안 마당

으로 들어와 生活⁽⁷⁾(　　)하였습니다. 그림자가 가장 길어질 때는 여자들이

기거하는 안채에 까지 서슴없이 들어갔습니다.

"에구머니나! 아니 저 총각이 여기까지 들어왔어요. 어머니!"

"영감, 어서 빨리 저 놈을 쫓아 내지 않고 뭘 하는 거예욧!"

부자의 아내와 딸들은 아우성을 쳤습니다.　　　　　　　　　　〈계속〉

보기 ① 생활　② 면목　③ 西山　④ 太陽　⑤ 鼻　⑥ 場　⑦ 外

1 다음 漢字語의 讀音을 쓰세요.

(1) 思考   (   )   (2) 對比   (   )

(3) 意思   (   )   (4) 寫生   (   )

(5) 費用   (   )   (6) 氷水   (   )

(7) 史觀   (   )   (8) 名士   (   )

(9) 奉仕   (   )   (10) 考査   (   )

(11) 比等   (   )   (12) 士大夫 (   )

(13) 寫本   (   )   (14) 士氣   (   )

(15) 史書   (   )   (16) 國史   (   )

(17) 鼻音   (   )   (18) 消費   (   )

(19) 氷山   (   )   (20) 出仕   (   )

2 다음 漢字의 訓과 音을 쓰세요.

(1) 費   (   )   (2) 史   (   )

(3) 思   (   )   (4) 氷   (   )

(5) 査   (   )   (6) 比   (   )

3 다음 밑줄 친 낱말을 漢字로 쓰세요.

(1) 아버지는 중학교에서 국사를 가르치십니다.

(2) 대체로 키가 커질 수록 몸무게도 비례하여 증가합니다.

(3) 그의 사고 방식은 개방적인 편입니다.

(4) 타이타닉호가 침몰한 까닭은 빙산에 부딪쳤기 때문입니다.

(5) 부모님께서는 제가 고등학교를 졸업할 때까지만 학비를 댈 것이
라 말씀하셨습니다.

(6) 저 여자탤런트는 비음이 많이 섞인 목소리를 냅니다.

(7) 당신의 의사를 분명히 밝히십시오.

(8) 장군은 직접 병영을 돌면서 병사들의 사기를 북돋아 주었습니다.

(9) 중국으로 가기 위한 여비를 마련하기 위해 겨울 내내 아르바이트
를 했습니다.

(10) 월드컵 당시 저는 경기장에서 자원봉사를 했습니다.

4 다음 訓과 音에 맞는 漢字를 쓰세요.

(1) 코 비   (   )   (2) 선비 사   (   )

(3) 베낄 사 (   )   (4) 섬길 사   (   )

5 다음 漢字와 뜻이 상대 또는 반대되는 漢字를 쓰세요.

例	男 ↔ 女

(1) 問 ↔ (   )

6 다음 (   )에 들어갈 漢字를 〈보기〉에서 골라 그 番號를 쓰세요.

> 보기   ① 士 ② 仕 ③ 足 ④ 鼻

(1) 耳目口(   )   (2) 奉(   )活動

7 다음 漢字와 뜻이 같거나 비슷한 漢字를 골라 그 番號를 쓰세요.

(1) 思 - (① 仕 ② 第 ③ 考 ④ 人)

8 다음 漢字와 음이 같은 漢字를 골라 그 番號를 쓰세요.

(1) 病 - (① 期 ② 根 ③ 兵 ④ 廣)

(2) 服 - (① 福 ② 島 ③ 勞 ④ 放)

(3) 使 - (① 班 ② 軍 ③ 都 ④ 事)

9 다음 漢字語의 뜻을 쓰세요.

> 例   讀音 : ① 글 읽는 소리 ② 한자의 음

(1) 史書 - (   )   (2) 氷水 - (   )

(3) 學費 - (   )   (4) 對比 - (   )

월　　일 이름　　　　확인

⑩ 다음 漢字의 略字(획수를 줄인 漢字)를 쓰세요.

例	禮 → 礼

(1) 寫 - (　　　　　　)

⑪ 다음 물음에 답하세요.

(1) ㉠획의 쓰는 순서를 아래에서 골라 번호를 쓰세요.

① 여덟 번째　　　　　　② 아홉 번째

③ 열 번째　　　　　　　④ 열한 번째

(2) ㉠획의 쓰는 순서를 아래에서 골라 번호를 쓰세요.

① 네 번째　　　　　　　② 다섯 번째

③ 여섯 번째　　　　　　④ 일곱 번째

(3) 쓰는 순서가 맞는 것을 아래에서 골라 번호를 쓰세요.

① ㉠ - ㉡ - ㉢ - ㉣ - ㉤

② ㉤ - ㉡ - ㉢ - ㉠ - ㉣

③ ㉠ - ㉣ - ㉤ - ㉡ - ㉢

④ ㉤ - ㉡ - ㉢ - ㉣ - ㉠

☆ 어떤 한자일까요? 맞춰 보세요.

세 사람이 해 위에 서 있는 한자는 무엇일까요?

입이 천 개 달린 한자는 무엇일까요?

해 답

▶ **春** 봄 춘(三셋+人사람+日해)

▶ **舌** 혀 설(千천+口입)

• 春 : 봄 춘(日-총 9획)   • 舌 : 혀 설(舌-총 6획)

5급 ②과정 한자능력검정시험

 産 낳을 산

 相 서로 상

 商 장사 상

 賞 상줄 상

 序 차례 서

 仙 신선 선

 船 배 선

 善 착할 선

 選 가릴 선

 鮮 고울 선

다음 한자의 훈과 음을 알아 보세요.

産

훈 낳을 음 산

'**낳다, 출산, 재산**' 등을 뜻합니다.

• 유의어 : 生(날 생)

순서에 맞게 産을 쓰고 훈과 음을 쓰세요.

産 낳을 산	生부수	産 産 産 産 産 産 産 産 産 産 産 (총 11획)
	낳을 산	産　産　産　産　産
	낳을 산	

다음 훈음에 맞는 한자를 쓰세요.

낳을 산	낳을 산	낳을 산	낳을 산	낳을 산	낳을 산	낳을 산	낳을 산
産							

빈 칸에 産을 쓰고 産이 쓰인 낱말을 읽어 보세요.

☐ 母(산모) : 아이를 낳은 지 며칠 되지 않은 여자　　　(母 : 어미 모)

生 ☐ 地(생산지) : 물건을 생산하거나 생산된 곳　　　(生 : 날 생)
　　　　　　　　　　　　　　　　　　　　　　　　　　　(地 : 땅 지)

🌸 다음 한자의 훈과 음을 알아 보세요.

相

훈 서로 음 상

'서로, 보다, 점치다' 등을 뜻합니다.

🌸 순서에 맞게 相을 쓰고 훈과 음을 쓰세요.

目부수	相 相 相 相 相 相 相 相 相 (총 9획)

相

서로 상

相	相	相	相	相
서로 상				
서로 상				

🌸 다음 훈음에 맞는 한자를 쓰세요.

서로 상	서로 상	서로 상	서로 상	서로 상	서로 상	서로 상	서로 상
相							

🌸 빈 칸에 相을 쓰고 相이 쓰인 낱말을 읽어 보세요.

□通(상통) : ① 서로 막힘이 없이 길이 트이는 것
② (마음과 뜻이) 서로 통하는 것

(通 : 통할 통)

教學□長(교학상장) : 가르치고 배우면서 학업을 증진시키고 성장함

(教 : 가르칠 교)
(學 : 배울 학)
(長 : 긴 장)

🌸 다음 한자의 훈과 음을 알아 보세요.

商

훈**장사** 음**상**

'**장사, 헤아리다**' 등을 뜻합니다.

🌸 순서에 맞게 商을 쓰고 훈과 음을 쓰세요.

□부수	商商商商商商商商商商商 (총 11획)

商

장사 상

商	商	商	商	商
장사 상				
장사 상				

🌸 다음 훈음에 맞는 한자를 쓰세요.

장사 상	장사 상	장사 상	장사 상	장사 상	장사 상	장사 상	장사 상
商							

🌸 빈 칸에 商을 쓰고 商이 쓰인 낱말을 읽어 보세요.

□人(상인) : 장사하는 사람   (人 : 사람 인)

□船(상선) : 장사를 하러 다니는 배   (船 : 배 선)

🌸 다음 한자의 훈과 음을 알아 보세요.

賞

훈상줄 음상

'상주다, 상, 즐기다' 등을 뜻합니다.

🌸 순서에 맞게 賞을 쓰고 훈과 음을 쓰세요.

賞 상줄 상	貝부수	賞賞賞賞賞賞賞賞賞賞賞賞賞賞賞 (총 15획)			
	賞	賞	賞	賞	賞
	상줄 상				
	상줄 상				

🌸 다음 훈음에 맞는 한자를 쓰세요.

상줄 상	상줄 상	상줄 상	상줄 상	상줄 상	상줄 상	상줄 상	상줄 상
賞							

🌸 빈 칸에 賞을 쓰고 賞이 쓰인 낱말을 읽어 보세요.

☐金(상금) : 상으로 주는 돈   (金 : 쇠 금/성 김)

入☐(입상) : 상을 타게 되는 등수에 듦   (入 : 들 입)

🌸 다음 한자의 훈과 음을 알아 보세요.

序

훈 차례 음 서

'**차례, 차례를 매기다**' 등을 뜻합니다.

• 유의어 : 番(차례 번)

🌸 순서에 맞게 序를 쓰고 훈과 음을 쓰세요.

广 부수				序序序序序序序 (총 7획)
序	序	序	序	序
차례 서				
차례 서				

序
차례 서

🌸 다음 훈음에 맞는 한자를 쓰세요.

차례 서	차례 서	차례 서	차례 서	차례 서	차례 서	차례 서	차례 서
序							

🌸 빈 칸에 序를 쓰고 序가 쓰인 낱말을 읽어 보세요.

☐ 文(서문) : 책의 첫머리에 그 책에 대하여 쓴 글　　(文 : 글월 문)

☐ 曲(서곡) : 가극이나 성극 등의 주요한 부분을 시작하기 전에 연주하는 기악곡　　(曲 : 굽을 곡/곡조 곡)

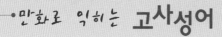

多 多 益 善 (다다익선)

많을 다　　많을 다　　더욱 익　　좋을 선

많으면(多) 많을(多)수록 더욱(益) 좋다(善)는 뜻입니다. 한나라의 유방(劉邦)은 한신(韓信)을 위험한 존재로 여겨 그를 도읍인 장안에서 벗어나지 못하게 하였습니다. 어느 날 "그대의 생각에 나는 몇 만의 군사를 통솔할 수 있겠소?"하고 물으니 "10만쯤 입니다." "그러면 그대는 얼마를 거느릴 수 있는가?" "신은 다다익선입니다."라고 대답한데서 유래되었습니다.

🌸 다음 한자의 훈과 음을 알아 보세요.

仙

훈신선 음선

'**신선, 신선스럽다**' 등을 뜻합니다.

🌸 순서에 맞게 仙을 쓰고 훈과 음을 쓰세요.

仙 신선 선	亻(人)부수			仙 仙 仙 仙 仙 (총 5획)	
	仙	仙	仙	仙	仙
	신선 선				
	신선 선				

🌸 다음 훈음에 맞는 한자를 쓰세요.

신선 선	신선 선	신선 선	신선 선	신선 선	신선 선	신선 선	신선 선
仙							

🌸 빈 칸에 仙을 쓰고 仙이 쓰인 낱말을 읽어 보세요.

☐ 女(선녀) : 선경에 산다는 여자 신선 　　　　　　　　(女 : 여자 녀)

神 ☐ (신선) : 도를 닦아서 신통하게 된 사람 　　　　　(神 : 귀신 신)

🌼 다음 한자의 훈과 음을 알아 보세요.

船

훈배 음선

'배, 선박' 등을 뜻합니다.

🌼 순서에 맞게 船을 쓰고 훈과 음을 쓰세요.

船

배 선

舟부수	船 船 船 船 船 船 船 船 船 船 船 (총 11획)			
船	船	船	船	船
배 선				
				약자 舩
배 선				

🌼 다음 훈음에 맞는 한자를 쓰세요.

배 선	배 선	배 선	배 선	배 선	배 선	배 선	배 선
船							

🌼 빈 칸에 船을 쓰고 船이 쓰인 낱말을 읽어 보세요.

□長(선장) : 선원의 우두머리 (長 : 긴 장)

漁□(어선) : 바다에 나가 고기잡이를 하는 배 (漁 : 고기잡을 어)

월	일	
이름		확인

🌻 다음 한자의 훈과 음을 알아 보세요.

善
훈 착할 음 선

'착하다, 좋다' 등을 뜻합니다.

• 상대반의어 : 惡(악할 악)

🌻 순서에 맞게 善을 쓰고 훈과 음을 쓰세요.

	□부수	善善善善善善善善善善善善 (총 12획)
善 착할 선	善 善 善 善 善	
	착할 선	
	착할 선	

🌻 다음 훈음에 맞는 한자를 쓰세요.

착할 선	착할 선	착할 선	착할 선	착할 선	착할 선	착할 선	착할 선
善							

🌻 빈 칸에 善을 쓰고 善이 쓰인 낱말을 읽어 보세요.

親[　](친선) : 서로 친하게 사귐

(親 : 친할 친)

[　]心(선심) : ① 착한 마음
② 남을 도와주는 마음

(心 : 마음 심)

✿ 다음 한자의 훈과 음을 알아 보세요.

훈 가릴 음 선

'가리다, 뽑다' 등을 뜻합니다.

✿ 순서에 맞게 選을 쓰고 훈과 음을 쓰세요.

辶(辵)부수	選選選選選選選選選選選選選選選選 (총 16획)

選

가릴 선

選	選	選	選	選
가릴 선				
가릴 선				

✿ 다음 훈음에 맞는 한자를 쓰세요.

가릴 선	가릴 선	가릴 선	가릴 선	가릴 선	가릴 선	가릴 선	가릴 선
選							

✿ 빈 칸에 選을 쓰고 選이 쓰인 낱말을 읽어 보세요.

	出(선출) : 여럿 중에서 고르거나 뽑아냄	(出 : 날 출)
	手(선수) : 특별히 선발된 사람	(手 : 손 수)

🌸 다음 한자의 훈과 음을 알아 보세요.

훈 고울 음 선

'**곱다, 싱싱하다**' 등을 뜻합니다.

🌸 순서에 맞게 鮮을 쓰고 훈과 음을 쓰세요.

魚부수	鮮 鮮 鮮 鮮 鮮 鮮 鮮 鮮 鮮 鮮 鮮 鮮 鮮 鮮 鮮 鮮 鮮 (총 17획)

鮮
고울 선

鮮	鮮	鮮	鮮	鮮
고울 선				
고울 선				

🌸 다음 훈음에 맞는 한자를 쓰세요.

고울 선	고울 선	고울 선	고울 선	고울 선	고울 선	고울 선	고울 선
鮮							

🌸 빈 칸에 鮮을 쓰고 鮮이 쓰인 낱말을 읽어 보세요.

☐明(선명) : 산뜻함, 깨끗함　　　　　　　　　　　(明 : 밝을 명)

新☐(신선) : 새롭고 싱싱함, 산뜻하고 깨끗함　　　　(新 : 새 신)

⭐ 다음 빈 칸에 알맞은 음(音)이나 한자(漢字)를 **보기**에서 찾아 쓰세요.

하지만 총각은 "아니 마님, 제가 영감님과 서로⁽¹⁾( ) 장사⁽²⁾( )로서

거래⁽³⁾( )를 하고 얻은 그늘입니다. 그런데 어찌 절 더러 나가라고 하

십니까?" 하며 눈도 꿈쩍이지 않았습니다.

"나무가 낳은⁽⁴⁾( ) 그늘은 당연히 저의 것이 아닙니까? 안 그렇습니까? 영감님!"

하며 더욱 능청을 떨었습니다.

그제서야 자신의 잘못을 깨우친 부자는 착한⁽⁵⁾( ) 마음으로 살아야겠다고

뉘우치며 말했습니다.

"내가 잘못 했네 총각! 이제 이 느티나무 그늘은 내 것이 아니라 어떤 사람이라도

필요한 사람들이 쉴 수 있도록 하겠네. 그리고 지난 번에 자네에게 받은 돈도 돌

려 주겠네." 하며 총각이 건낸 돈의 몇 배에 해당하는 돈을 배상해 주었답니다.

총각의 슬기로 욕심쟁이 부자는 자신의 잘못을 뉘우쳤고 마을 사람들과도

행복⁽⁶⁾( )하게 잘 살았다고 합니다.   〈끝〉

보기 ① 幸福   ② 去來   ③ 商   ④ 産   ⑤ 善   ⑥ 相

1 다음 漢字語의 讀音을 쓰세요.

(1) 産苦　　(　　　　　)　　(2) 商家　　(　　　　　)

(3) 新鮮　　(　　　　　)　　(4) 賞金　　(　　　　　)

(5) 商業　　(　　　　　)　　(6) 産物　　(　　　　　)

(7) 相通　　(　　　　　)　　(8) 序曲　　(　　　　　)

(9) 選手　　(　　　　　)　　(10) 仙女　　(　　　　　)

(11) 善良　　(　　　　　)　　(12) 相談　　(　　　　　)

(13) 入賞　　(　　　　　)　　(14) 鮮明　　(　　　　　)

(15) 序文　　(　　　　　)　　(16) 産地　　(　　　　　)

(17) 仙藥　　(　　　　　)　　(18) 改善　　(　　　　　)

(19) 商船　　(　　　　　)　　(20) 選擧　　(　　　　　)

2 다음 漢字의 訓과 음을 쓰세요.

(1) 相　(　　　　　)　　(2) 仙　(　　　　　)

(3) 産　(　　　　　)　　(4) 選　(　　　　　)

(5) 鮮　(　　　　　)　　(6) 賞　(　　　　　)

3 다음 밑줄 친 낱말을 漢字로 쓰세요.

(1) 제 여자 친구는 마치 하늘에서 내려온 <u>선녀</u>같습니다.

(2) 상품을 신청하시면 <u>생산지</u>에서 직접 주문하신 곳까지 운송해 드립니다.

(3) 수상자에게는 트로피와 <u>상금</u>이 주어지겠습니다.

(4) 입시제도의 <u>개선</u>이 필요합니다.

(5) 민영이는 야구 <u>선수</u>를 무척 좋아합니다.

(6) 내 희망은 큰 배의 <u>선장</u>이 되는 것입니다.

(7) 이 곳은 잡<u>상인</u> 출입금지 구역입니다.

(8) <u>상담</u>실은 복도 끝에 있습니다.

(9) <u>신선</u>한 공기를 마시니 마음도 깨끗해지는 것 같다.

(10) 이 곡은 월리엄 텔 <u>서곡</u>입니다.

4 다음 訓과 音에 맞는 漢字를 쓰세요.

(1) 배 선   (   )   (2) 착할 선 (   )

(3) 장사 상 (   )   (4) 차례 서 (   )

5 다음 漢字와 뜻이 상대 또는 반대되는 漢字를 쓰세요.

例	男 ↔ 女

(1) 古 ↔ (   )

6 다음 (   )에 들어갈 漢字를 〈보기〉에서 골라 그 番號를 쓰세요.

> 보기   ① 相 ② 賞 ③ 上 ④ 明

(1) 教學(   )長

7 다음 漢字와 뜻이 같거나 비슷한 漢字를 골라 그 番號를 쓰세요.

(1) 産 – (① 地 ② 團 ③ 生 ④ 圖)

(2) 思 – (① 德 ② 考 ③ 寫 ④ 愛)

8 다음 漢字와 음이 같은 漢字를 골라 그 番號를 쓰세요.

(1) 査 – (① 木 ② 美 ③ 東 ④ 社)

(2) 序 – (① 畫 ② 書 ③ 無 ④ 病)

9 다음 漢字語의 뜻을 쓰세요.

> 例   讀音 : ① 글 읽는 소리 ② 한자의 음

(1) 生産地 – (   ) (2) 善心 – (   )

(3) 新鮮 – (   ) (4) 序文 – (   )

10 다음 漢字의 略字(획수를 줄인 漢字)를 쓰세요.

> 例   禮 → 礼

(1) 賣 – (   )   (2) 船 – (   )

11 다음 물음에 답하세요.

(1) ㉠획의 쓰는 순서를 아래에서 골라 번호를 쓰세요.

① 세 번째   ② 네 번째

③ 다섯 번째   ④ 여섯 번째

(2) 商 ㉠획의 쓰는 순서를 아래에서 골라 번호를 쓰세요.

① 세 번째   ② 네 번째

③ 다섯 번째   ④ 여섯 번째

(3)  쓰는 순서가 맞는 것을 아래에서 골라 번호를 쓰세요.

① ㉠ – ㉢ – ㉡ – ㉣ – ㉤ – ㉥ – ㉦ – ㉧ – ㉨

② ㉠ – ㉡ – ㉢ – ㉣ – ㉤ – ㉥ – ㉦ – ㉧ – ㉨

③ ㉠ – ㉢ – ㉡ – ㉣ – ㉤ – ㉥ – ㉨ – ㉦ – ㉧

④ ㉠ – ㉡ – ㉢ – ㉣ – ㉤ – ㉥ – ㉨ – ㉧ – ㉦

☆ 어떤 한자일까요? 맞춰 보세요.

나무 **아래** 아들이 서 있는 한자는 무엇일까요?

저녁이 되어 아무것도 보이지 않고 입만 보이는 한자는 무엇일까요?

해답

▶ 李 성/오얏 리(木나무+子아들)

▶ 名 이름 명(夕저녁+口입)

• 李 : 성/오얏 리(木-총 7획) • 名 : 이름 명(口-총 6획)

부록

6급·6급Ⅱ(150자) 한자를 복습합니다.
5급 시험의 쓰기 범위가 되니 능숙하게
쓸 수 있도록 연습하세요.

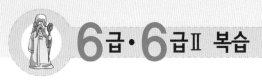
😊 빈 칸에 한자를 쓰면서 익혀 보세요.

角	角			
뿔 각	直角(직각) 角度(각도)			
角 – 총 7획	동음이의어 : 各(각각 각)			

各	各			
각각 각	各國(각국) 各自(각자) 各各(각각)			
口 – 총 6획	동음이의어 : 角(뿔 각)			

感	感			
느낄 감	有感(유감) 感動(감동)			
心 – 총 13획				

强	强			
강할 강	强力(강력) 强弱(강약) 强風(강풍)			
弓 – 총 12획	동음이의어 : 江(강 강) 상대반의어 : 弱(약할 약)			

開	開			
열 개	開學(개학) 開校(개교) 開發(개발)			
門 – 총 12획				

京	京			
서울 경	上京(상경) 東京(동경)			
亠 – 총 8획				

界	界			
지경 계	世界(세계) 學界(학계) 各界(각계)			
田 – 총 9획	동음이의어 : 計(셀/꾀 계)			

計	計			
셀/꾀 계	計算(계산) 時計(시계) 家計(가계)			
言 – 총 9획	유의어 : 算(셈할 산) 동음이의어 : 界(지경 계)			

高	高			
높을 고	高速道路(고속도로) 高級(고급)			
高 – 총 10획	동음이의어 : 古(예 고) 苦(쓸 고)			

苦	苦			
쓸 고	苦行(고행) 苦生(고생) 苦樂(고락)			
⺾ (艸) – 총 9획	상대반의어 : 樂(즐길 락)			

古	古			
예 고	古人(고인) 古今(고금) 古木(고목)			
口 – 총 5획	동음이의어 : 苦(쓸 고) 상대반의어 : 今(이제 금)			

公	公			
공평할 공	公正(공정) 公平(공평) 公式(공식)			
八 – 총 4획	동음이의어 : 共(한가지 공) 功(공 공)			

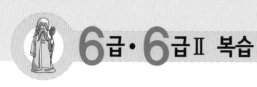

| | 월 | 일 | 이름 | | 확인 | |

👀 빈 칸에 한자를 쓰면서 익혀 보세요.

功	功				
공 공	成功(성공) 功過(공과) 功利(공리)
力 – 총 5획	동음이의어 : 工(장인 공) 空(빌 공)

共	共				
한가지 공	共感(공감) 共同(공동)
八 – 총 6획	동음이의어 : 公(공평할 공) 工(장인 공)

科	科				
과목 과	科目(과목) 教科(교과) 科學(과학)
禾 – 총 9획	동음이의어 : 果(실과 과)

果	果				
실과 과	果樹(과수) 成果(성과) 靑果(청과)
木 – 총 8획	동음이의어 : 科(과목 과)

光	光				
빛 광	光明(광명) 光線(광선) 光速(광속)
儿 – 총 6획	동음이의어 : 廣(넓을 광)

交	交				
사귈 교	交感(교감) 外交(외교) 交通(교통)
亠 – 총 6획	동음이의어 : 敎(가르칠 교) 校(학교 교)

球	球				
공 구	電球(전구) 地球(지구)
王(玉) – 총 11획	동음이의어 : 九(아홉 구) 區(구분할 구)

區	區				
구분할 구	區分(구분) 區間(구간)
匚 – 총 11획	동음이의어 : 九(아홉 구) 口(입 구)

郡	郡				
고을 군	郡民(군민)
阝(邑) – 총 10획	유의어 : 洞(고을 동) 동음이의어 : 軍(군사 군)

根	根				
뿌리 근	根本(근본) 根性(근성)
木 – 총 10획	유의어 : 本(근본 본) 동음이의어 : 近(가까울 근)

近	近				
가까울 근	近親(근친) 近來(근래)
辶(辵) – 총 8획	유의어 : 親(친할 친) 상대반의어 : 遠(멀 원)

今	今				
이제 금	今年(금년) 古今(고금)
人 – 총 4획	상대반의어 : 古(예 고) 동음이의어 : 金(쇠 금)

빈 칸에 한자를 쓰면서 익혀 보세요.

急	急			
급할 급	急死(급사) 急行(급행) 急速(급속)			
心 – 총 9획	동음이의어 : 級(등급 급)			

級	級			
등급 급	高級(고급) 級數(급수) 學級(학급)			
糸 – 총 10획	동음이의어 : 急(급할 급)			

多	多			
많을 다	多幸(다행) 多讀(다독) 多少(다소)			
夕 – 총 6획	상대반의어 : 少(적을 소)			

短	短			
짧을 단	短文(단문) 一長一短(일장일단)			
矢 – 총 12획	상대반의어 : 長(긴 장)			

堂	堂			
집 당	明堂(명당) 食堂(식당) 書堂(서당)			
土 – 총 11획	유의어 : 室(집 실)			

代	代			
대신할 대	代表(대표) 世代(세대)			
亻(人) – 총 5획	동음이의어 : 大(큰 대) 對(대할 대)			

對	對			
대할 대	對話(대화) 對答(대답) 對外(대외)			
寸 – 총 14획	동음이의어 : 大(큰 대) 待(기다릴 대)			

待	待			
기다릴 대	苦待(고대) 待合室(대합실)			
亻 – 총 9획	동음이의어 : 代(대신할 대) 對(대할 대)			

圖	圖			
그림 도	圖面(도면) 地圖(지도)			
□ – 총 14획	유의어 : 畵(그림 화)			

度	度			
법도 도/헤아릴 탁	度數(도수) 速度(속도) 溫度(온도)			
广 – 총 9획	동음이의어 : 圖(그림 도) 道(길 도)			

讀	讀			
읽을 독/구절 두	讀書(독서) 讀者(독자) 讀後感(독후감)			
言 – 총 22획	동음이의어 : 獨(홀로 독)			

童	童			
아이 동	童話(동화) 童子(동자) 童心(동심)			
立 – 총 12획	유의어 : 兒(아이 아)			

🕐 빈 칸에 한자를 쓰면서 익혀 보세요.

頭	頭			
머리 두	頭角(두각) 先頭(선두)			
頁 – 총 16획				

等	等			
무리 등	等級(등급) 等數(등수) 對等(대등)			
竹 – 총 12획	동음이의어 : 登(오를 등)			

樂	樂			
즐길락/노래악/좋아할요	樂園(낙원) 音樂(음악) 樂山樂水(요산요수)			
木 – 총 15획	상대반의어 : 苦(쓸 고)			

例	例			
법식 례	事例(사례) 例文(예문) 例外(예외)			
亻(人) – 총 8획	동음이의어 : 禮(예도 례)			

禮	禮			
예도 례	答禮(답례) 禮服(예복)			
示 – 총 18획	동음이의어 : 例(법식 례)			

路	路			
길 로	道路(도로) 路線(노선) 大路(대로)			
足 – 총 13획	유의어 : 道(길 도) 동음이의어 : 老(늙을 로)			

綠	綠			
푸를 록	草綠(초록) 綠色(녹색) 新綠(신록)			
糸 – 총 14획	유의어 : 靑(푸를 청)			

理	理			
다스릴 리	理由(이유) 道理(도리) 地理(지리)			
王(玉) – 총 11획	동음이의어 : 利(이로울 리) 李(오얏 리)			

利	利			
이로울 리	利用(이용) 便利(편리) 勝利(승리)			
刂(刀) – 총 7획	동음이의어 : 李(오얏 리) 里(마을 리)			

李	李			
오얏/성 리	李花(이화) 李氏(이씨)			
木 – 총 7획	동음이의어 : 里(마을 리) 理(다스릴 리)			

明	明			
밝을 명	明月(명월) 明白(명백) 發明(발명)			
日 – 총 8획	동음이의어 : 名(이름 명) 命(목숨 명)			

目	目			
눈 목	名目(명목) 目的(목적) 題目(제목)			
目 – 총 5획	동음이의어 : 木(나무 목)			

😊 빈 칸에 한자를 쓰면서 익혀 보세요.

聞				
들을 문	所聞(소문) 新聞(신문) 見聞(견문)			
耳 – 총 14획	동음이의어 : 問(물을 문) 文(글월 문)			

米				
쌀 미	白米(백미) 米飮(미음)			
米 – 총 6획	동음이의어 : 美(아름다울 미)			

美				
아름다울 미	美女(미녀) 美食家(미식가) 美術(미술)			
羊 – 총 9획	동음이의어 : 米(쌀 미)			

朴				
성/순박할 박	朴氏(박씨)			
木 – 총 6획				

反				
돌이킬 반	反感(반감) 反共(반공) 反對(반대)			
又 – 총 4획	동음이의어 : 半(반 반) 班(나눌 반)			

半				
반 반	半萬年(반만년) 半球(반구)			
十 – 총 5획	동음이의어 : 反(돌이킬 반) 班(나눌 반)			

班				
나눌 반	班長(반장) 合班(합반)			
王(玉) – 총 10획	유의어 : 分(나눌 분) 別(나눌 별)			

發				
필 발	發光(발광) 出發(출발) 發明(발명)			
癶 – 총 12획				

放				
놓을 방	放心(방심) 放火(방화) 放學(방학)			
攵(攴) – 총 8획	동음이의어 : 方(모 방)			

番				
차례 번	軍番(군번) 番號(번호) 番地(번지)			
田 – 총 12획				

別				
다를/나눌 별	別名(별명) 區別(구별) 特別(특별)			
刂(刀) – 총 7획	유의어 : 分(나눌 분) 班(나눌 반)			

病				
병 병	病者(병자) 病室(병실) 病院(병원)			
疒 – 총 10획				

✍ 빈 칸에 한자를 쓰면서 익혀 보세요.

服	服				
옷 복	服色(복색) 韓服(한복) 洋服(양복)				
月 – 총 8획	유의어 : 衣(옷 의)				

本	本				
근본 본	本色(본색) 本然(본연) 本家(본가)				
木 – 총 5획	유의어 : 根(뿌리 근)				

部	部				
떼 부	部長(부장) 外部(외부) 部分(부분)				
⻏(邑) – 총 11획	동음이의어 : 夫(지아비 부) 父(아비 부)				

分	分				
나눌 분	分校(분교) 分數(분수) 分班(분반)				
刀 – 총 4획	유의어 : 班(나눌 반) 別(나눌 별)				

社	社				
모일 사	社長(사장) 社訓(사훈) 社會(사회)				
示 – 총 8획	동음이의어 : 事(일 사) 四(넉 사)				

使	使				
하여금/부릴 사	使用(사용) 使者(사자) 使命(사명)				
亻(人) – 총 8획	동음이의어 : 事(일 사) 四(넉 사)				

死	死				
죽을 사	死藥(사약) 九死一生(구사일생)				
歹 – 총 6획	상대반의어 : 生(날 생) 活(살 활)				

書	書				
글 서	書面(서면) 書堂(서당) 讀書(독서)				
日 – 총 10획	유의어 : 章(글 장) 文(글월 문)				

石	石				
돌 석	石工(석공) 石油(석유)				
石 – 총 5획	동음이의어 : 夕(저녁 석) 席(자리 석)				

席	席				
자리 석	立席(입석) 出席(출석) 合席(합석)				
巾 – 총 10획	동음이의어 : 夕(저녁 석) 石(돌 석)				

線	線				
줄 선	水平線(수평선) 線路(선로) 光線(광선)				
糸 – 총 15획	동음이의어 : 先(먼저 선)				

雪	雪				
눈 설	白雪(백설) 大雪(대설) 雪山(설산)				
雨 – 총 11획					

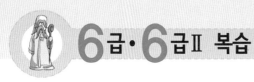
④ 빈 칸에 한자를 쓰면서 익혀 보세요.

成			
이룰 성	成人(성인) 育成(육성) 成功(성공)		
戈 - 총 7획	동음이의어 : 姓(성 성) 省(살필 성/덜 생)		

省			
살필 성/덜 생	自省(자성) 反省(반성)		
目 - 총 9획	동음이의어 : 姓(성 성) 成(이룰 성)		

消			
사라질 소	消火(소화) 消日(소일)		
氵(水) - 총 10획	동음이의어 : 小(작을 소) 少(적을 소)		

速			
빠를 속	高速(고속) 速行(속행) 速度(속도)		
辶(辵) - 총 11획	유의어 : 急(급할 급)		

孫			
손자 손	孫子(손자) 王孫(왕손) 後孫(후손)		
子 - 총 10획	상대반의어 : 祖(할아비 조)		

樹			
나무 수	植樹(식수) 樹立(수립) 樹木(수목)		
木 - 총 16획	유의어 : 木(나무 목)		

術			
재주 술	術數(술수) 美術(미술) 手術(수술)		
行 - 총 11획	유의어 : 才 (재주 재)		

習			
익힐 습	學習(학습) 自習(자습) 風習(풍습)		
羽 - 총 11획	유의어 : 學(배울 학)		

勝			
이길 승	勝者(승자) 勝地(승지) 勝利(승리)		
力 - 총 12획			

始			
비로소 시	始作(시작) 始球(시구) 開始(개시)		
女 - 총 8획	동음이의어 : 市(저자 시) 時(때 시)		

式			
법 식	式場(식장) 禮式(예식) 方式(방식)		
弋 - 총 6획	동음이의어 : 植(심을 식) 食(밥/먹을 식)		

信			
믿을 신	信用(신용) 書信(서신)		
亻(人) - 총 9획	동음이의어 : 新(새 신) 神(귀신 신)		

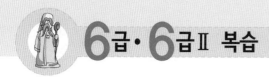
 빈 칸에 한자를 쓰면서 익혀 보세요.

身	身			
몸 신	身分(신분) 身長(신장) 身體(신체)			
身 - 총 7획	유의어 : 體(몸 체) 상대반의어 : 心(마음 심)			

新	新			
새 신	新年(신년) 新人(신입) 新聞(신문)			
斤 - 총 13획	동음이의어 : 神(귀신 신) 信(믿을 신)			

神	神			
귀신 신	山神(산신) 神童(신동)			
示 - 총 10획	동음이의어 : 信(믿을 신) 身(몸 신)			

失	失			
잃을 실	失言(실언) 失手(실수) 失業(실업)			
大 - 총 5획	동음이의어 : 室(집 실)			

愛	愛			
사랑 애	愛人(애인) 愛國(애국) 愛民(애민)			
心 - 총 13획				

野	野			
들 야	野球(야구) 平野(평야) 野山(야산)			
里 - 총 11획	동음이의어 : 夜(밤 야)			

夜	夜			
밤 야	夜間(야간) 夜光(야광) 晝夜(주야)			
夕 - 총 8획	상대반의어 : 晝(낮 주)			

弱	弱			
약할 약	弱者(약자) 弱小(약소) 强弱(강약)			
弓 - 총 10획	상대반의어 : 强(강할 강)			

藥	藥			
약 약	名藥(명약) 藥草(약초) 農藥(농약)			
++ (艸)-총 19획	동음이의어 : 弱(약할 약)			

洋	洋			
큰바다 양	洋服(양복) 洋食(양식) 洋藥(양약)			
氵(水) - 총 9획	유의어 : 海(바다 해)			

陽	陽			
볕 양	陽地(양지) 夕陽(석양) 太陽(태양)			
阝(阜) - 총 12획	동음이의어 : 洋(큰바다 양)			

言	言			
말씀 언	言行(언행) 發言(발언) 言語(언어)			
言 - 총 7획	유의어 : 語(말씀 어) 話(말씀 화)			

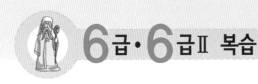
🐝 빈 칸에 한자를 쓰면서 익혀 보세요.

業				
업 업	生業(생업) 分業(분업) 開業(개업)			
木 – 총 13획				

英				
꽃부리 영	英才(영재) 英國(영국) 英特(영특)			
⺿(艸) – 총 9획	동음이의어 : 永(길 영)			

永				
길 영	永遠(영원) 永住(영주) 永世(영세)			
水 – 총 5획	유의어 : 遠(멀 원)			

溫				
따뜻할 온	溫水(온수) 溫度(온도) 氣溫(기온)			
氵(水) – 총 13획				

勇				
날랠 용	勇士(용사) 勇氣(용기)			
力 – 총 9획	동음이의어 : 用(쓸 용)			

用				
쓸 용	所用(소용) 用語(용어) 使用(사용)			
用 – 총 5획	동음이의어 : 勇(날랠 용)			

運				
옮길 운	運動(운동) 幸運(행운) 運命(운명)			
辶(辵) – 총 13획				

園				
동산 원	公園(공원) 花園(화원) 庭園(정원)			
囗 – 총 13획	유의어 : 庭(뜰 정)			

遠				
멀 원	遠近(원근) 遠大(원대)			
辶(辵) – 총 14획	상대반대어 : 近(가까울 근)			

由				
말미암을 유	由來(유래) 事由(사유) 理由(이유)			
田 – 총 5획	동음이의어 : 有(있을 유) 油(기름 유)			

油				
기름 유	注油所(주유소) 石油(석유)			
氵(水) – 총 8획	동음이의어 : 有(있을 유) 由(말미암을 유)			

銀				
은 은	金銀(금은) 銀行(은행) 水銀(수은)			
金 – 총 14획	상대반대어 : 金(쇠 금)			

6급·6급Ⅱ 복습

| 월 | 일 | 이름 | | 확인 |

⭐ 빈 칸에 한자를 쓰면서 익혀 보세요.

音	音			
소리 음	長音(장음) 讀音(독음) 音樂(음악)			
音 – 총 9획	동음이의어 : 飮 마실 음			

飮	飮			
마실 음	飮食(음식) 米飮(미음)			
食 – 총 13획	동음이의어 : 音(소리 음)			

意	意			
뜻 의	意圖(의도) 合意(합의) 同意(동의)			
心 – 총 13획	동음이의어 : 衣(옷 의) 醫 (의원 의)			

醫	醫			
의원 의	醫術(의술) 醫藥(의약) 名醫(명의)			
酉 – 총 18획	동음이의어 : 衣(옷 의) 意(뜻 의)			

衣	衣			
옷 의	衣服(의복) 白衣民族(백의민족)			
衣 – 총 6획	유의어 : 服(옷 복)			

者	者			
놈 자	學者(학자) 記者(기자) 病者(병자)			
⺹(老) – 총 9획	동음이의어 : 子(아들 자) 字(글자 자)			

昨	昨			
어제 작	昨日(작일) 昨年(작년) 昨今(작금)			
日 – 총 9획	상대반대어 : 今(이제 금)			

作	作			
지을 작	作家(작가) 作業(작업) 作文(작문)			
亻(人) – 총 7획	동음이의어 : 昨(어제 작)			

章	章			
글 장	文章(문장) 圖章(도장)			
立 – 총 11획	유의어 : 書(글 서) 文(글월 문)			

才	才			
재주 재	才能(재능) 天才(천재)			
扌(手) – 총 3획	유의어 : 術(재주 술)			

在	在			
있을 재	在學(재학) 人命在天(인명재천)			
土 – 총 6획	동음이의어 : 才(재주 재)			

戰	戰			
싸움 전	戰術(전술) 戰死(전사) 戰功(전공)			
戈 – 총 16획	동음이의어 : 前(앞 전) 全(온전 전)			

🔾 빈 칸에 한자를 쓰면서 익혀 보세요.

庭				
뜰 정	校庭(교정) 庭園(정원)			
广 - 총 10획	유의어 : 園(동산 원)			

定				
정할 정	安定(안정) 定立(정립) 定石(정석)			
宀 - 총 8획	동음이의어 : 正(바를 정) 庭(뜰 정)			

第				
차례 제	第一(제일) 第三國(제삼국)			
竹 - 총11획	동음이의어 : 弟(아우 제) 題(제목 제)			

題				
제목 제	主題(주제) 話題(화제) 題目(제목)			
頁 - 총 18획	동음이의어 : 弟(아우 제) 第(차례 제)			

朝				
아침 조	朝禮(조례) 王朝(왕조) 朝夕(조석)			
月 - 총 12획	상대반의어 : 夕(저녁 석)			

族				
겨레 족	民族(민족) 家族(가족) 族長(족장)			
方 - 총 11획	동음이의어 : 足(발 족)			

注				
부을 주	注目(주목) 注意(주의) 注油所(주유소)			
氵(水) - 총 8획	동음이의어 : 主(주인 주)			

晝				
낮 주	晝間(주간) 晝夜(주야) 白晝(백주)			
日 - 총 11획	상대반의어 : 夜(밤 야)			

集				
모을 집	集計(집계) 集中(집중) 集合(집합)			
隹 - 총12획				

窓				
창 창	窓門(창문) 窓口(창구) 同窓(동창)			
穴 - 총 11획				

清				
맑을 청	清明(청명) 清風(청풍)			
氵(水) - 총 11획	동음이의어 : 靑(푸를 청)			

體				
몸 체	體育(체육) 體力(체력) 體溫(체온)			
骨 - 총 23획	유의어 : 身(몸 신)			

6급·6급Ⅱ 복습

| 월 | 일 | 이름 | 확인 |

🐸 빈 칸에 한자를 쓰면서 익혀 보세요.

親	親			
친할 친	親庭(친정) 親族(친족) 近親(근친)
見 – 총 16획	유의어 : 近(가까울 근)

太	太			
클 태	太陽(태양) 太古(태고) 太平洋(태평양)
大 – 총 4획	유의어 : 大(큰 대)

通	通			
통할 통	通路(통로) 通話(통화) 通信(통신)
辶(辵) – 총 11획	

特	特			
특별할 특	特別(특별) 特使(특사) 英特(영특)
牛 – 총 10획	

表	表			
겉 표	表面(표면) 表現(표현) 表記(표기)
衣 – 총 8획	

風	風			
바람 풍	風聞(풍문) 風車(풍차) 家風(가풍)
風 – 총 9획	

合	合			
합할 합	合計(합계) 合理(합리) 合同(합동)
口 – 총 6획	

幸	幸			
다행 행	多幸(다행) 不幸(불행) 幸福(행복)
干 – 총 8획	동음이의어 : 行(다닐 행)

行	行			
다닐 행 / 항렬 항	行軍(행군) 行動(행동) 行事(행사)
行 – 총 6획	상대반의어 : 言(말씀 언)

向	向			
향할 향	向學(향학) 向日(향일) 向上(향상)
口 – 총 6획	

現	現			
나타날 현	現金(현금) 現在(현재) 現代(현대)
王(玉) – 총 11획	

形	形			
모양 형	形式(형식) 形體(형체) 形成(형성)
彡 – 총 7획	

🖐 빈 칸에 한자를 쓰면서 익혀 보세요.

號	號			
이름 호	記號(기호)　國號(국호)			
虍 – 총 13획				

和	和			
화할 화	和答(화답)　和親(화친)　和合(화합)			
口 – 총 8획	동음이의어 : 火(불 화)　花(꽃 화)			

畫	畫			
그림 화 / 그을 획	畫家(화가)　畫室(화실)　圖畫紙(도화지)			
田 – 총 13획	유의어 : 圖(그림 도)			

黃	黃			
누를 황	黃色(황색)　黃金(황금)　黃河(황하)			
黃 – 총 12획				

會	會			
모일 회	國會(국회)　會話(회화)　會社(회사)			
日 – 총 13획				

訓	訓			
가르칠 훈	訓育(훈육)　音訓(음훈)			
言 – 총 10획	유의어 : 敎(가르칠 교)			

기탄급수한자 빨리따기
2과정을 잘 마쳤으니
3과정으로 넘어가자.

5급 ❷과정

이야기로 익히는 한자 1(19p)

(1) ⑦ (2) ⑧ (3) ⑥ (4) ④ (5) ⑤ (6) ①
(7) ② (8) ③

제 1회 기출 및 예상 문제 (20p~23p)

❶ (1) 양민 (2) 독립 (3) 연습 (4) 명랑
(5) 낙도 (6) 여객 (7) 냉전 (8) 개량
(9) 도량(탁량) (10) 독백 (11) 여행
(12) 훈련 (13) 내력 (14) 양심 (15) 계량
(16) 도읍 (17) 낙서 (18) 냉대 (19) 도시
(20) 낭독

❷ (1) 익힐 련 (2) 홀로 독 (3) 지날 력
(4) 밝을 랑 (5) 찰 랭 (6) 도읍 도

❸ (1) 獨立 (2) 落書 (3) 都市 (4) 旅行
(5) 冷冷 (6) 重量 (7) 朗讀 (8) 練習
(9) 良心 (10) 歷代

❹ (1) 良 (2) 落 (3) 旅 (4) 量

❺ (1) 溫

❻ (1) ②

❼ (1) ④

❽ (1) ② (2) ① (3) ④

❾ (1) 시골의 마을 (2) 글을 소리내어 읽음
(3) 분량이나 무게 따위를 잼
(4) 다른 사람의 속박, 구속에서 벗어남

❿ (1) 独

⓫ (1) ④ (2) ④ (3) ①

이야기로 익히는 한자 2(37p)

(1) ③ (2) ④ (3) ① (4) ⑤ (5) ②

제 2회 기출 및 예상 문제 (38p~41p)

❶ (1) 명령 (2) 마차 (3) 요금 (4) 유동
(5) 영토 (6) 발령 (7) 망신 (8) 노력
(9) 육로 (10) 연말 (11) 영해 (12) 마부
(13) 과로 (14) 육군 (15) 의류 (16) 분류
(17) 망명 (18) 유행 (19) 요리 (20) 본말

❷ (1) 무리 류 (2) 거느릴 령 (3) 뭍 륙
(4) 일할 로 (5) 헤아릴 료 (6) 하여금 령

❸ (1) 料金 (2) 流通 (3) 命令 (4) 分類
(5) 陸地 (6) 領土 (7) 勞苦 (8) 亡身

(9) 本末 (10) 馬車

❹ (1) 馬 (2) 流 (3) 末 (4) 亡

❺ (1) 海 (2) 使

❻ (1) ①

❼ (1) ①

❽ (1) ② (2) ① (3) ④

❾ (1) 지체 높은 사람의 아내를 높여서 일
컫는 말 (2) 몸이 몹시 지칠 만큼 지나
치게 일하는 것 (3) 물과 뭍,곧 바다와
육지 (4) 한 나라의 주권을 행사할 수
있는 지역

❿ (1) 労

⓫ (1) ③ (2) ④ (3) ②

이야기로 익히는 한자 3(55p)

(1) ③ (2) ① (3) ⑤ (4) ④ (5) ② (6) ⑦ (7) ⑥

제 3회 기출 및 예상 문제 (56p~59p)

❶ (1) 매매 (2) 병력 (3) 배수 (4) 망월
(5) 소망 (6) 매입 (7) 신봉 (8) 변신
(9) 매출 (10) 십배 (11) 병법 (12) 무료
(13) 무능력 (14) 문법 (15) 변색 (16) 복음
(17) 복리 (18) 무관심 (19) 법규
(20) 병부

❷ (1) 팔 매 (2) 받들 봉 (3) 바랄 망
(4) 살 매 (5) 변할 변 (6) 법 법

❸ (1) 無料 (2) 倍數 (3) 所望 (4) 文法
(5) 末期 (6) 賣出 (7) 幸福 (8) 賣買
(9) 法學 (10) 變色

❹ (1) 兵 (2) 無 (3) 福 (4) 倍

❺ (1) 賣 (2) 始 (3) 無

❻ (1) ③

❼ (1) ④

❽ (1) ② (2) ④

❾ (1) 바라는 바 (2) 물건을 팔고 사는 일
(3) 이름난 말, 뛰어난 말
(4) 마음이 변함

❿ (1) 売 (2) 変 (3) 无

⓫ (1) ① (2) ④ (3) ②

이야기로 익히는 한자 4(73p)

(1) ⑦ (2) ② (3) ⑤ (4) ④ (5) ③ (6) ⑥ (7) ①

제 4회 기출 및 예상 문제 (74p~77p)

❶ (1) 사고 (2) 대비 (3) 의사 (4) 사생
(5) 비용 (6) 빙수 (7) 사관 (8) 명사
(9) 봉사 (10) 고사 (11) 비등 (12) 사대부
(13) 사본 (14) 사기 (15) 사서 (16) 국사
(17) 비음 (18) 소비 (19) 빙산 (20) 출사
❷ (1) 쓸 비 (2) 사기 사 (3) 생각 사
(4) 얼음 빙 (5) 조사할 사 (6) 견줄 비
❸ (1) 國史 (2) 比例 (3) 思考 (4) 氷山
(5) 學費 (6) 鼻音 (7) 意思 (8) 兵士
(9) 旅費 (10) 奉仕
❹ (1) 鼻 (2) 士 (3) 寫 (4) 仕
❺ (1) 答
❻ (1) ④ (2) ②
❼ (1) ③
❽ (1) ③ (2) ① (3) ④
❾ (1) 역사를 기록한 책
(2) 얼음물
(3) 공부하는 데에 드는 비용
(4) 서로 맞대어 비교함
❿ (1) 写, 写, 寫
⓫ (1) ③ (2) ② (3) ②

이야기로 익히는 한자 5(91p)

(1) ⑥ (2) ③ (3) ② (4) ④ (5) ⑤ (6) ①

제 5회 기출 및 예상 문제 (92p~95p)

❶ (1) 산고 (2) 상가 (3) 신선 (4) 상금
(5) 상업 (6) 산물 (7) 상통 (8) 서곡
(9) 선수 (10) 선녀 (11) 선량 (12) 상담
(13) 입상 (14) 선명 (15) 서문 (16) 산지
(17) 선약 (18) 개선 (19) 상선 (20) 선거
❷ (1) 서로 상 (2) 신선 선 (3) 낳을 산

(4) 가릴 선 (5) 고울 선 (6) 상줄 상
❸ (1) 仙女 (2) 生産地 (3) 賞金 (4) 改善
(5) 選手 (6) 船長 (7) 商人
(8) 相談室 (9) 新鮮 (10) 序曲
❹ (1) 船 (2) 善 (3) 商 (4) 序
❺ (1) 今
❻ (1) ①
❼ (1) ③ (2) ②
❽ (1) ④ (2) ②
❾ (1) 물건을 생산하거나 생산된 곳
(2) ① 착한 마음 ② 남을 도와주는 마음
(3) 새롭고 싱싱함, 산뜻하고 깨끗함
(4) 책의 첫 머리에 그 책에 대하여 쓴
글
❿ (1) 売 (2) 船
⓫ (1) ④ (2) ③ (3) ①

제1회 모의 한자능력 검정시험

1. 관망
2. 상가
3. 역사
4. 선명
5. 유수
6. 신봉
7. 생산
8. 노고
9. 육지
10. 낭독
11. 훈련
12. 독립
13. 봉사
14. 산모
15. 선녀
16. 병법
17. 낙심
18. 명랑
19. 병사
20. 유행
21. 변색
22. 노동
23. 육군
24. 내력
25. 소망
26. 상인
27. 야구
28. 여행
29. 신선
30. 변덕
31. 양심
32. 연습
33. 상통
34. 국사
35. 신선
36. 흐를 류
37. 밝을 랑
38. 낳을 산
39. 섬길 사
40. 공경 경
41. 홀로 독
42. 바랄 망
43. 값 가
44. 신선 선
45. 볼 관
46. 법 법
47. 서로 상
48. 받들 봉
49. 뭍 륙
50. 변할 변
51. 생각 념
52. 나그네 려
53. 둥글 단
54. 익힐 련
55. 이를 도
56. 고울 선
57. 병사 병
58. 일할 로
59. 今
60. 海
61. 使
62. ⑤
63. ③
64. ⑧
65. ②
66. ①
67. ⑥
68. ③
69. 短身
70. 市場
71. 力士
72. 목적하는 바를 이룸
73. 책을 읽음
74. 맨 앞, 첫 머리
75. 戰
76. 号
77. 国
78. 平等
79. 後半
80. 直角
81. 市民
82. 出口
83. 東窓
84. 春秋
85. 新聞
86. 現場
87. 利用
88. 反省
89. 不足
90. 幸運
91. 登山
92. 山村
93. 對話
94. 出發
95. 音樂
96. 對等
97. 食事
98. ⑦
99. ⑧
100. ⑧

제2회 모의 한자능력 검정시험

1. 선거
2. 명마
3. 사본
4. 법규
5. 기선
6. 독자
7. 낙심
8. 학비
9. 명령
10. 영토
11. 노력
12. 마부
13. 기말
14. 망신
15. 매입
16. 매출
17. 무능
18. 배수
19. 대비
20. 계량
21. 사정
22. 의사
23. 사고
24. 상금
25. 서문
26. 선장
27. 친선
28. 양민
29. 여객선
30. 냉전
31. 도시
32. 유동
33. 발령
34. 요리
35. 육로
36. 볕 경
37. 섬길 사
38. 하여금 령
39. 헤아릴 료
40. 무리 류
41. 살 매
42. 몸 기
43. 쓸 비
44. 조사할 사
45. 굳셀 건
46. 배 선
47. 가릴 선
48. 홀로 독
49. 값 가
50. 익힐 련
51. 끝 말

52. 헤아릴 량
53. 신선 선
54. 지날 력
55. 도읍 도
56. 줄 급
57. 곱 배
58. 베낄 사
59. 成功
60. 祖上
61. 洋服
62. 活力
63. 午後
64. 區分
65. 間食
66. 公園
67. 地圖
68. 例外
69. 敎室
70. 動物
71. 讀書
72. 對話
73. 敎育
74. 聞
75. 路
76. 球
77. 弱
78. 黃
79. 溫
80. 使
81. 有
82. ④
83. ①
84. ③
85. ⑤
86. ⑥
87. ①
88. ③
89. ④
90. ③
91. ①

92. 얼음 물
93. 책을 많이 읽음
94. 가벼운 무게
95. 区
96. 万
97. 数
98. ④
99. ⑤
100.⑥

제3회 모의 한자능력 검정시험

1. 도읍
2. 중량
3. 과로
4. 요금
5. 마차
6. 상담
7. 망명
8. 매매
9. 비례
10. 소비
11. 변신
12. 빙산
13. 산물
14. 입상
15. 서곡
16. 선심
17. 기념
18. 개량
19. 낙서
20. 냉대
21. 영해
22. 의류
23. 고사
24. 병력
25. 비음
26. 무료
27. 행복

28. 비용
29. 비등
30. 여비
31. 유통
32. 선량
33. 연말
34. 상선
35. 선출
36. 떨어질 락
37. 귀할 귀
38. 거느릴 령
39. 말 마
40. 차례 서
41. 팔 매
42. 옳을 가
43. 견줄 비
44. 코 비
45. 병사 병
46. 생각 사
47. 상줄 상
48. 망할 망
49. 착할 선
50. 얼음 빙
51. 받들 봉
52. 낳을 산
53. 없을 무
54. 세울 건
55. 굳을 고
56. 찰 랭
57. 맺을 결
58. 이를 도
59. 用意
60. 外界人
61. 地下
62. 會社
63. 溫和
64. 永遠
65. 題目
66. 後孫
67. 廣場

68. 運動
69. 韓服
70. 夕陽
71. 場所
72. 窓門
73. 幸運
74. 待
75. 樹
76. 勝
77. 親
78. 堂
79. 本, 始
80. 海
81. 直
82. ①
83. ③
84. ⑥
85. ⑧
86. ④
87. ⑤
88. ②
89. ②
90. ③
91. ④
92. 보고 들음
93. 학교의 뜰
94. 글을 소리 내 어 읽음
95. 気
96. 対
97. 発
98. ⑥
99. ⑨
100.③

| 수험번호 | □□□-□□-□□□□ | 성명 | □□□□□ |
| 생년월일 | □□□□□□ | ※주민등록번호 앞 6자리 숫자를 기입하십시오. | ※성명을 한글로 작성.
※필기구는 검정색 볼펜만 가능 |

※ 답안지는 컴퓨터로 처리되므로 구기거나 더럽히지 마시고, 정답 칸 안에만 쓰십시오.
글씨가 채점란으로 들어오면 오답처리가 됩니다.

제1회 모의 한자능력검정시험 5급Ⅱ 답안지(1) (시험시간: 50분)

번호	정 답	1검	2검	번호	정 답	1검	2검	번호	정 답	1검	2검
1				17				33			
2				18				34			
3				19				35			
4				20				36			
5				21				37			
6				22				38			
7				23				39			
8				24				40			
9				25				41			
10				26				42			
11				27				43			
12				28				44			
13				29				45			
14				30				46			
15				31				47			
16				32				48			

감독위원	채점위원(1)		채점위원(2)		채점위원(3)	
(서명)	(득점)	(서명)	(득점)	(서명)	(득점)	(서명)

제1회 모의 한자능력검정시험 5급Ⅱ 답안지(2)

번호	정 답	1검	2검	번호	정 답	1검	2검	번호	정 답	1검	2검
49				67				85			
50				68				86			
51				69				87			
52				70				88			
53				71				89			
54				72				90			
55				73				91			
56				74				92			
57				75				93			
58				76				94			
59				77				95			
60				78				96			
61				79				97			
62				80				98			
63				81				99			
64				82				100			
65				83							
66				84							

(답안란 / 채점란 헤더: 답 안 란 · 채 점 란)

수험번호 □□□-□□-□□□□   성명 □□□□□

생년월일 □□□□□□   ※주민등록번호 앞 6자리 숫자를 기입하십시오.   ※성명을 한글로 작성.
  ※필기구는 검정색 볼펜만 가능

※ 답안지는 컴퓨터로 처리되므로 구기거나 더럽히지 마시고, 정답 칸 안에만 쓰십시오.
  글씨가 채점란으로 들어오면 오답처리가 됩니다.

제2회 모의 한자능력검정시험 5급 답안지(1) (시험시간: 50분)

번호	정답	1검	2검	번호	정답	1검	2검	번호	정답	1검	2검
1				17				33			
2				18				34			
3				19				35			
4				20				36			
5				21				37			
6				22				38			
7				23				39			
8				24				40			
9				25				41			
10				26				42			
11				27				43			
12				28				44			
13				29				45			
14				30				46			
15				31				47			
16				32				48			

감독위원	채점위원(1)		채점위원(2)		채점위원(3)	
(서명)	(득점)	(서명)	(득점)	(서명)	(득점)	(서명)

※ 답안지는 컴퓨터로 처리되므로 구기거나 더럽히지 마시고, 정답 칸 안에만 쓰십시오. 글씨가 채점란으로 들어오면 오답처리가 됩니다.

제2회 모의 한자능력검정시험 5급 답안지(2)

번호	정 답	1검	2검	번호	정 답	1검	2검	번호	정 답	1검	2검
49				67				85			
50				68				86			
51				69				87			
52				70				88			
53				71				89			
54				72				90			
55				73				91			
56				74				92			
57				75				93			
58				76				94			
59				77				95			
60				78				96			
61				79				97			
62				80				98			
63				81				99			
64				82				100			
65				83							
66				84							

위 표의 각 구역 머리글은 "답안란 / 채점란" 및 "번호 / 정 답 / 1검 / 2검" 입니다.

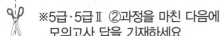

수험번호 □□□-□□-□□□□　　성명 □□□□□

생년월일 □□□□□□　　※주민등록번호 앞 6자리 숫자를 기입하십시오.　※성명을 한글로 작성.
　　　　　　　　　　　　　　　　　　　　　　　　　　　　　　　※필기구는 검정색 볼펜만 가능

※ 답안지는 컴퓨터로 처리되므로 구기거나 더럽히지 마시고, 정답 칸 안에만 쓰십시오.
　 글씨가 채점란으로 들어오면 오답처리가 됩니다.

제3회 모의 한자능력검정시험 5급 답안지(1) (시험시간: 50분)

번호	정답	1검	2검	번호	정답	1검	2검	번호	정답	1검	2검
1				17				33			
2				18				34			
3				19				35			
4				20				36			
5				21				37			
6				22				38			
7				23				39			
8				24				40			
9				25				41			
10				26				42			
11				27				43			
12				28				44			
13				29				45			
14				30				46			
15				31				47			
16				32				48			

답안란 / 채점란 / 답안란 / 채점란 / 답안란 / 채점란

감독위원	채점위원(1)	채점위원(2)	채점위원(3)
(서명)	(득점) (서명)	(득점) (서명)	(득점) (서명)

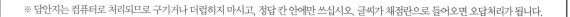

제3회 모의 한자능력검정시험 5급 답안지(2)

번호	정 답	1검	2검	번호	정 답	1검	2검	번호	정 답	1검	2검
49				67				85			
50				68				86			
51				69				87			
52				70				88			
53				71				89			
54				72				90			
55				73				91			
56				74				92			
57				75				93			
58				76				94			
59				77				95			
60				78				96			
61				79				97			
62				80				98			
63				81				99			
64				82				100			
65				83							
66				84							

채점란은 답안란과 구분하여 "답안란 / 채점란"으로 표시되어 있으며, 각 채점란은 "1검 / 2검"으로 나뉨.